PRECIS D'EDUCATION CANINE

François Kiesgen de Richter

I0423713

TABLE DES MATIERES

1 - Mise en garde	Page 5
2 - Des origines au LOF	Page 6
3 - Quelle race choisir	Page 13
4 - Les signes d'apaisement	Page 15
5 - Les postures	Page 19
6 - Choisir son chiot	Page 20
7 - L'arrivée du chiot	Page 24
8 - La propreté du chiot	Page 31
9 - La socialisation du chiot	Page 33
10 Les jouets et les jeux	Page 36
11 - Le comportement	Page 39
12 - Règles pour l'éducation	Page 44
13 - L'éducation	Page 49
14 - L'éducation à la garde	Page 57
15 - La récompense	Page 65
16 - L'activité	Page 67
17 - L'alimentation	Page 72
18 - L'hygiène du chien	Page 76
19 - Soigner son chien	Page 78

20 - Le malaise	Page 80
21 - La sexualité	Page 82
22 - La contraception	Page 85
23 - La vieillesse	Page 88
24 - La législation	Page 91
25 - Les métiers du chien	Page 97
26 - Un éleveur sérieux	Page 105

1 - MISE EN GARDE

Sachez qu'en faisant l'acquisition d'un chiot, vous en encouragez le mode d'élevage. Un chiot doit naître et grandir dans le respect de ses besoins physiologiques et psychologiques, qui ne sont ni l'exiguïté, ni le minimum vital en guise de soins et encore moins la brutalité. Les parents du chiot doivent avoir été testés pour les maladies pour lesquelles ils sont prédisposés. Un chiot doit avoir des parents inscrits au LOF, car les accouplements par hasard d'une rencontre ne garantiront jamais les spécificités d'une race. Les éleveurs agréés par les clubs de race garantissent la continuité de la race, ce sont leurs préoccupations essentielles. Votre choix n'est pas anodin.

2 - DES ORIGINES AU LOF

La domestication du chien est intervenue longtemps avant celle de toutes les autres espèces domestiques actuelles. Elle précède de plusieurs dizaines de milliers d'années la sédentarisation et l'apparition des premières fermes agricoles. Les chiens sont issus du Loup gris (Canis lupus) domestiqué à plusieurs endroits du monde.

L'identité exacte de l'ancêtre du chien a longtemps été un mystère. Des scientifiques subodoraient que les chiens provenaient d'un croisement entre des Loups et des chacals.

Les progrès récents ont finalement permis d'établir que le chien est plus proche génétiquement des sous-espèces actuelles de Canis lupus (Loup gris) avec lequel il partage 99,9 % de son ADN.

En 1997, une comparaison de génome sur 300 échantillons appartenant à la lignée des chiens domestiques actuels et à la lignée des Loups gris, a montré que ces lignées s'étaient séparées il y a 35 000 ans.

La découverte d'une lignée de Loup aujourd'hui éteinte : le Loup Taïmyra est à l'origine de la divergence entre le Loup et le chien. Il y a 27 000 ans la séparation devint totale.

La relation entre humains et canidés sauvages est très ancienne. Des restes de Loups ont été retrouvés en association avec ceux d'hommes il y a 400 000 ans.

Les Chasseurs-Cueilleurs et les Loups avaient plusieurs points communs : ils appartenaient à des espèces sociables, ils partageaient le même habitat et ils se nourrissaient des mêmes proies.

Des études ont montré que les louveteaux capturés tout jeunes et élevés par des hommes s'apprivoisaient et se socialisaient facilement, d'autant plus qu'ils dépendaient de leurs maîtres pour leur alimentation.

Cela n'explique toutefois pas leur domestication, puisque ces louveteaux demeuraient des Loups. Pour cela l'homme fit s'accoupler des Loups domestiqués et commença à en faire l'élevage.

Ainsi naquit le Canis Lupus Familiaris, autrement dit : le nom scientifique de votre chien. Et ce, quelle que soit sa race !

En sélectionnant les Loups et en les croisant en fonction de leurs aptitudes et de leurs physiques : le plus petit avec le plus petit, celui court sur pattes avec son semblable, le museau le plus plat avec un autre museau plus plat, le plus rapide avec le plus rapide, le plus agile avec le plus agile, les poils longs avec les poils longs…

Les races sont apparues, avec des spécificités physiques typiques, des aptitudes particulières, des caractères précis, qui sont décrites avec précision dans un document officiel : le Standard de Race.

Le Pedigree peut être considéré comme le passeport du chien de race pure. On peut remonter jusqu'à quatre générations grâce à ce document. En France, c'est la Société Centrale Canine qui gère et délivre le Pedigree.

Le Pedigree remplace le certificat de naissance et s'obtient après avoir présenté le chien à l'examen de confirmation : entre 12 à 15 mois, selon les races, en général 15 mois.

Lors de cet examen, un juge examine la conformité de votre chien au standard de sa race et l'évalue par rapport aux autres, pour attribuer le CACIB et le CACS. Il n'y a pas d'âge maximum ni d'âge minimum. Les séances de confirmation sont organisées par les Sociétés Canines Régionales lors des expositions canines ou par les Clubs de race. À noter que les confirmations ouvrent un droit d'inscription que vous devez acquitté. Aussi vous devrez envoyer le carnet LOF à la SCC avec le document de validation de la confirmation qui vous est remise sur place. Parfois l'attente de retours du document est longue.

Il y a ensuite des concours ou le chien est attribué à une classe qui va de puppy à vétéran en passant par les classes, intermédiaires, ouvertes, travail, champions, jeunes et meutes. Il existe une classe permettant de faire participer des chiens qui ne concourent pas.

Le meilleur chien pourra prétendre au CACIB (Certificat d'Aptitude au Championnat International de Beauté) de la FCI, ou/et au CACS (Certificat d'Aptitude de Conformité au Standard). Le chien qui a remporté plusieurs CACS et/ou CACIB peut être homologué Champion National de Conformité au Standard ou Champion International de Beauté.

Le Livre des Origines Français regroupe environ 400 races de chiens homologuées par la Fédération Cynologique Internationale.

Le LOF vous donne la certitude du Chiot dont les qualités et les attributs sont ceux de sa race. C'est très important pour un chien polyvalent car vous connaîtrez par avance les caractéristiques du chien et ses comportements prévisibles.

Les chiens de race ont des caractères et des comportements typiques qui font leur charme et leur efficacité. Les caractéristiques physiques et les aptitudes particulières de chaque race sont décrites avec précision dans un document officiel : le Standard de Race. Ce document, émanant du pays d'origine du chien, est la "référence". Il décrit avec précision les différentes parties du corps, les couleurs et natures de robe ainsi que les traits dominants. C'est un appui précieux sur lequel vous pouvez compter.

L'attestation de vente est obligatoire pour un chien LOF. Ce contrat, signé par le vendeur et l'acheteur, doit mentionner : la date de vente, l'identité du chien, son prix, l'adresse des vétérinaires choisis par les parties en cas de litige. Elle précise l'inscription provisoire ou définitive du chien au L. O. F.

Votre vendeur ayant inscrit provisoirement votre chiot au L. O. F. recevra le Certificat de Naissance qu'il devra vous transmettre.

La Puce électronique est obligatoire pour les chiens LOF. L'immatriculation des carnivores domestiques est exigée en France dans un certain nombre de situations : avant la cession (même gratuitement, et même entre particuliers), pour les chiens de plus de 4 mois et au-delà, pour certifier les passages transfrontaliers.

La Puce électronique est également précieuse pour retrouver son compagnon en cas de fugue et pour établir qui est le propriétaire de l'animal.

Pour les maîtres se déplaçant à l'étranger, la puce inclut l'information nécessaire pour identifier le pays d'origine. De la taille d'un grain de riz, le "transpondeur" ou "puce électronique" est un composant enrobé de verre biocompatible, qui est glissé sous la peau par le vétérinaire, à l'aide d'une forte aiguille. Cet acte médical se réalise, selon le cas, avec ou sans anesthésie.

La lecture s'effectue à l'aide d'un appareil spécifique, promené sur le chien. Le numéro s'inscrit sur un écran à cristaux liquides. Cette vérification sera faite plusieurs fois durant la séance de confirmation, et à chaque fois que vous présenterez le chien chez un nouveau vétérinaire, et en concours de beauté ou de sport canin.

La durabilité de l'implant est supérieure à la durée de vie de l'animal. L'information qu'il contient est infalsifiable. Le numéro attribué est unique et correspond à un seul animal, sans confusion possible. Les coordonnées du détenteur sont centralisées dans le pays d'implantation, auprès d'un organisme agréé par les autorités locales.

Lorsque le chien est déplacé de manière définitive dans un autre pays, son enregistrement doit se faire à nouveau dans le pays d'accueil.

En France, cet enregistrement s'effectue auprès d'un vétérinaire. Les déplacements courts (vacances) ne nécessitent pas de démarche spécifique.

À l'inverse, les travailleurs transfrontaliers et les voyageurs partageant leur temps entre deux pays gagnent à faire enregistrer leur animal à titre complémentaire dans le second pays fréquenté.

L'accès aux renseignements du fichier est autorisé aux vétérinaires, aux membres des forces de l'ordre, aux municipalités et gestionnaires de fourrières.

Le risque existe que le découvreur d'un animal errant n'ait pas l'idée de la présence d'un transpondeur électronique. Cet inconvénient peut aboutir à une adoption spontanée par un particulier (appropriation) ou au placement illégal auprès d'un foyer d'accueil. De tels placements illégaux, peuvent aboutir à retrait du chien.

Certains vétérinaires ne font pas systématiquement la lecture de la puce à chaque première présentation d'un animal dans leurs cabinets. Dans ce cas, il faut éviter ces professionnels, car ils ne font pas bien leur métier.

Lorsque la puce est identifiée fausse ou absente au détour d'une consultation, le vétérinaire doit en informer le détenteur qui a présenté l'animal à sa consultation. Il peut l'aider à retrouver le propriétaire légitime mais sans pouvoir le rechercher lui-même de sa propre initiative.

Les fichiers des différents pays ne sont pas interconnectés. Aussi, les voyageurs se rendant régulièrement dans un même pays étranger ont-ils intérêt à enregistrer à titre complémentaire leur animal dans le fichier de ce pays.

Nous nous avons la chance en France, que n'ont pas d'autres pays européens, de pouvoir utiliser simultanément deux systèmes d'enregistrement : le tatouage et la pose d'une puce électronique. C'est sans aucun doute le meilleur moyen de pouvoir retrouver son animal de manière rapide.

S'il faut choisir, le transpondeur est très largement préférable au tatouage.

Si vous choisissez aussi le tatouage, il faut le faire dès le deuxième mois, à l'occasion du premier vaccin. Le tatouage est pratiqué par un vétérinaire ou par un tatoueur agréé par le Ministère de l'Agriculture. Ce praticien est responsable de la transmission de l'information au Fichier National Canin.

La carte d'identification du chien vous est obligatoirement remise.

Par la suite, en cas de changement adresse, de don, de vente, vous transmettez les modifications à la S.C.C. grâce à la partie détachable de la carte d'identification du chien. Celle-ci vous retournera gratuitement une nouvelle carte. C'est juste un peu long.

À l'examen de confirmation si la marche à l'allure n'est pas correcte, le juge peut également vous demander de faire procéder au contrôle des hanches par radiographie et ajournera votre chien jusqu'au retour du résultat.

Le juge va comparer votre Chien au standard de sa race : mesurer sa hauteur, s'assurer que les dents sont bien placées, que les couleurs des yeux et de la robe sont dans les tons souhaités, que la construction osseuse est conforme, que les testicules sont en place pour les mâles, et que le caractère est équilibré et sympathique.

Pour cet examen le juge doit pouvoir examiner les dents. Il est nécessaire d'habituer votre chien à ce que des étrangers mettent les doigts dans sa bouche.

Si vous avez acheté un " Chien sans papier ", sans doute par manque d'informations, il faut le castrer pour un mâle et la stériliser pour une femelle. Vous pouvez vous lancer dans une tentative de prouver sa race. Les exigences pour obtenir la confirmation sont très complexes.

3 - QUELLE RACE CHOISIR

Il est habituel de lire qu'il faut choisir son chiot en tenant compte des caractéristiques de la race : caractère, look, besoin physique, conditions de vie. Il est surtout essentiel que la race du chien corresponde à votre environnement, à vos habitudes et au maître que vous souhaitez être. Chaque race de chien est dotée d'une palette de qualités physiques et psychiques différentes. Un chien de compagnie ne sera un plaisir pour son maître que si ses besoins sont satisfaits. Tous les chiens ont besoin de sport : de la simple balade quotidienne pour les petites races, aux sports canins (concours en RCI, agility, pistage) pour les grands chiens.

Vous êtes dynamique et sportif, vous vous entendrez à merveille avec un chien de berger. À vous de choisir s'il doit être polyvalent, c'est-à-dire garder et être de compagnie.

Vous aimez le calme et la vie d'intérieur, vous adorerez les races comme le Cavalier King-Charles, le Bouledogue français, le Yorkshire Terrier, le Chihuahua, le York, le Bouledogue anglais, le Caniche, le Shi-Tzu ou le Carlin…

Vous privilégiez la vie de famille, et vous aimez la nature et les ballades, choisissez un berger comme le Border Collie, le Berger Australien, le Schiperké, le Bichon…

Vous aimez les sports canins, et notamment le Ring pensez au Berger Allemand et au Berger Belge Malinois. Pour le pistage pensez au Saint Hubert, ou au Berger Hollandais, et pour l'agility pensez au Border collie, et au Tervueren.

Vous voulez un chien polyvalent, le Groenendael et le Berger Allemand sont idéaux pour la garde et la famille.

Vous aimez les chiens de caractère, pensez au staffie, à l'Américan Staffordshire terrier, au Cane Corso ou Dogue Allemand.

Quelle que soit son apparence, sa taille, ou son caractère, vous devez choisir une race qui vous apportera ce que vous attendez. N'oubliez pas qu'il faudra aussi que vous répondiez à l'attente de votre chien et qu'un chien entre à une vie qui dure entre 12 ans et 14 ans.

Un chiot ne s'achète pas en animalerie, ou chez un particulier, mais chez un éleveur et avec un LOF : si vous voulez la garantie d'avoir un chien qui correspond aux critères de la race. Si vous accueillez un chien adulte, ou un chiot croisé, dans votre foyer, il vous faudra découvrir les qualités, les défauts mais aussi les besoins de votre nouveau compagnon. Vous ne pourrez pas vous référer à un standard de race. Dans tous les clubs de race, il y a une personne dédiée aux placements des chiens. Si vous prenez la décision d'adopter un chien en provenance d'un refuge, il est important de vous renseigner, sur le croisement et le comportement du chien, c'est très déstabilisateur pour un chien d'être adopté puis ramené, il faut plutôt vous adresser aux soigneurs qui connaissent le chien, qu'aux administratifs.

4 - LES SIGNES D'APAISEMENT

Les signaux d'apaisement sont les canaux utilisés par le chien pour communiquer.

Le bâillement : est l'un des signaux d'apaisement les plus courants et les plus fréquemment utilisés par le chien. Le chien baille avant tout pour se calmer lui-même. Il s'agit donc plus d'un signe d'auto apaisement, voire de relaxation. Bâiller permet au chien de se détendre.

Le regard détourné : signale que le chien ne veut pas de confrontation. Le chien la tête, lorsque vous êtes en colère, agressif et menaçant. Si vous lui mettez de la « pression » en vous penchant au-dessus de lui pour le caresser ou si vous rendez vos sessions d'éducation trop longues ou trop difficiles, votre compagnon pourra faire un mouvement très bref avec les yeux ou la tête quand vous lui parlez, ou encore restez avec la tête tournée de côté. Attention si le chien lors d'un reproche ne prend pas cette attitude cela voudra dire qu'il vous fait face.

Se lécher les babines : est un signal utilisé fréquemment dans des situations tendues quand le chien se calme. Il sera très souvent précédé d'un autre signal d'apaisement, tel que le bâillement, détournement de tête ou sentir le sol. Attention si le chien n'enchaîne pas c'est qu'il vous fait face.

Le reniflement de la terre : cette attitude est souvent vue lors de la rencontre entre deux ou plusieurs chiens, ou à l'approche d'un congénère. Également dans les endroits bruyants ou encore devant des objets inconnus.

Uriner : Nous prenons souvent ce comportement comme un marquage alors que le chien tente d'apaiser quelqu'un ou de s'apaiser lui-même. Il ne faut pas le punir pour cela. Si ce comportement est associé à un détour, en général c'est un signe de peur. Le simple fait de prendre un ton plus enjoué fera cesser ce comportement.

Se gratter, se secouer : dans une situation qui le met mal à l'aise, ou si le chien arrive dans un endroit inconnu, ou vit une situation nouvelle, vous verrez très fréquemment un chien se secouer ou se gratter. Il est très probable qu'à l'approche d'une personne inconnue ou stressante de par sa posture physique, le chien se retourne et se gratte, ou se secoue juste après le premier contact. Cela sert à son propre apaisement ou à l'apaisement des vis-à-vis. Attention si le chien n'enchaîne pas c'est qu'il va faire face.

Marcher lentement est un signal typique d'apaisement, le chien est mal à l'aise et cherche à vous calmer. Si votre chien vient-il très lentement quand vous l'appelez il faut changer la tonalité de votre voix. Il peut également faire cela lorsque vous l'attachez et à chaque fois que vous le rappelez. C'est une position qui indique qu'il n'aime pas quelque chose et il vous le reproche. Il n'y a aucune agressivité dans ce signal.

Se déplacer au ralenti : A pour but de calmer quelqu'un. Le chien le fait souvent en détournant le regard ou en levant la patte, avec un air mal à l'aise. L'homme interprète souvent mal cette attitude et s'énerve encore plus lorsque le chien traîne derrière lors de la marche au pied ou revient très lentement. Pourtant, plus nous allons appeler le chien de façon insistante, voire énervée ou agressive et plus il va ralentir. Il y a lieu de porter une attention toute particulière à cette attitude lors des cours d'éducation car il se peut que le chien soit fatigué et vous le montre de cette manière. Il pourra arriver vers vous en faisant un (des) détour(s).

Le chien fait souvent un détour à l'approche de quelque chose d'inquiétant pour lui, vous devez laisser faire le chien. Les chiens ne s'approchent jamais des étrangers de face, cela est considéré comme une menace dans leur langage. Faire des détours face à un congénère ou un humain, permet au chien de montrer qu'il n'a aucune mauvaise intention envers lui. Attention de bien lire ce code, car si le chien arrive droit cela indique que le chien souhaite l'affrontement.

S'asseoir : si votre chien s'assied systématiquement lorsque vous lui demandez de vous obéir, il faut impérativement prendre un ton moins menaçant pour interrompre clairement l'agression, le stress ou la peur.

Se retourner : le chien tourne le dos à l'objet ou à la personne qui le menace pour montrer qu'il n'a aucune intention agressive, et il fait de même si le comportement de son vis-à-vis le dérange ou l'inquiète. Selon la situation, il peut également le faire pour montrer son manque d'intérêt, voire son dédain face à quelqu'un. L'humain peut facilement reproduire cette attitude en se retournant lorsqu'un chien lui saute dessus, et ainsi lui montrer que cette attitude le dérange - il faut être habitué, je vous le concède -.

Se mettre sur le dos : si le chien se roule sur le dos en exposant son ventre et sa gorge et qu'il a les oreilles couchées en arrière, la tête sur le côté, les yeux à moitié fermés, le front lisse, ainsi que la queue ramenée sur le ventre, il s'agit d'une attitude de soumission absolue.

Sternum à terre - fesses en l'air : c'est une attitude de demande de jeux.

Pour avoir une communication avec leur entourage direct, les chiens ont un langage essentiellement corporel, à travers lequel ils utilisent la posture du corps entier, les oreilles, la queue, la tête, le regard et les mimiques faciales. En additionnant et en combinant les signes avec lesdites parties de leur corps, ils vont demander un contact social, faire un appel au jeu, reconnaître un supérieur hiérarchique ou encore menacer.

Malheureusement, la plupart des maîtres interprètent souvent à tort le langage corporel du chien et le comparent aux attitudes humaines.

Le fait de pouvoir décoder correctement les messages évitera les incompréhensions.

Apprendre à comprendre le langage de votre chien entraîne des sensations nouvelles et des plaisirs insoupçonnés dans votre relation avec votre chien.

Il est très important de toujours garder à l'esprit qu'il s'agit d'une interprétation de leur langage, et qu'en aucun cas, on ne peut être convaincu de l'exactitude des déductions. L'humilité et le respect sont donc de mise, avant de tirer des conclusions trop hâtives.

Enfin sachez que le chien qui n'est pas compris utilisera son dernier recours, à savoir une réaction défensive pour se protéger (morsure). N'oubliez pas l'étiologie, le chien descend du Loup.

Les signaux d'apaisement ont pour but de diminuer et de prévenir l'agressivité, le stress et la peur. Ils permettent l'installation d'une relation de confiance, de sécurité et de compréhension mutuelle entre le chien et le maître.

5 - LES POSTURES

La posture indique assez précisément l'état émotionnel et les intentions du chien.

Dans la posture de tranquillité, la queue est portée haut, les oreilles sont pointées vers l'avant, le port de tête est haut. Tous ces signes révèlent le chien bien psychologiquement.

Dans la posture de défi, la queue est raide et immobile, les poils de l'échine dorsale sont dressés, les oreilles sont tendues vers l'avant, la gueule est entrouverte laissant apparaître les crocs, et la position bien campée. Tous les signes indiquent que le chien a l'intention de vous soumettre ou soumettre son adversaire. Stoppez immédiatement le chien.

Dans la posture de menace craintive, la queue est basse, les oreilles sont couchées, la gueule est largement ouverte, tous les poils sont dressés. Le chien menace mais sans assurance, tous les signes indiquent la peur. Quand un chien menace de cette sorte il va assurément mordre.

Dans la posture de menace assurée, la queue est portée haut et figée, les oreilles sont vers l'avant, le regard est fixe, autant de signes qui révèlent une tentative de domination sur un rival ou sur vous.

Dans la posture de complète de soumission, la tête est basse, les oreilles sont légèrement couchées, la queue est baissée.

6 - CHOISIR SON CHIOT

La petite boule de poils, c'est tout beau, tout mignon. Êtes-vous sûrs de votre choix ? Un chien c'est pour 12 à 14 ans de vie commune avec un compagnon.

Êtes-vous joueurs — pas de poker ou de roulette russe — mais de balle, ou de Frisbee. Le jeu est le secret pour établir une connivence avec votre chien. Si vous associez le jeu et la récompense alors ce sera gagné. Mais attention, l'usage de la récompense est un art. L'objectif n'est pas d'avoir un chien dépendant à la croquette.

Nous allons tordre le cou une fois de plus à une idée reçue. Un chien dominant cela n'existe pas. Le chien réagit à un phénomène de meute, il ne sera jamais dominant ou soumis, il évoluera dans une palette de comportements en fonction du contexte et de son caractère. Par contre un chien peut avoir plus ou moins de caractère, être plus ou moins craintif ou insociable. Un test vous aidera à comprendre le caractère du chiot, et l'éducation jouera alors pleinement son rôle.

Vous devez visiter le site du club de la race. S'il y a une portée elle sera annoncée sur le site. Et seul les élevages sérieux qui se conforment à l'orientation du club de race, sont référencés. Une fois repéré la portée, il vous faudra regarder sur le site du club la cotation des chiens reproducteurs de l'élevage, mais aussi les cotations en général des chiens de l'élevage. Je vous conseille de contacter le club de race.

Vous devrez visiter l'élevage, il ne faudra pas décider avant, et surtout pas par téléphone. Vous prendrez rendez-vous pour une visite.

Lors de la première visite de l'élevage, faites confiance à votre instinct, soyez observateurs, questionnez l'éleveur. Avec ce livre vous saurez déjà beaucoup de choses. Vous allez vivre de dix à quatorze ans, avec votre compagnon. Voyons, c'est sérieux.

C'est très intime. Vos enfants joueront avec votre chien. C'est essentiel que votre chien soit sociable. Attention, avec un enfant ne perdez jamais le chien de vue. Quelle que soit la race du chien cette règle est essentielle.

Pour choisir votre chiot il y a le test comportemental élaboré par le psychologue William Campbell à la fin des années soixante, qui a été créé pour prévoir les tendances comportementales des chiots soumis aux ordres et à la domination (physique et sociale) de l'homme.

Son but est d'aider un acquéreur potentiel à choisir, à l'intérieur d'une portée, le sujet le plus adapté au milieu et à la famille dans lesquels il est appelé à vivre.

Le test de Campbell est très utile si l'on n'attend pas d'autres résultats que ceux prévus à l'origine par ce test : ce n'est ni un test d'intelligence ni un test d'aptitude, et l'on ne peut donc pas considérer qu'il va nous fournir des indications allant dans ce sens.

Dans quelques cas seulement, avec des races au caractère très particulier – comme le Chow-Chow –, le test de Campbell ne donne pas de résultats fiables.

Le test se fait entre quarante à cinquante jours, il dure une demi-heure. Vous choisirez un lieu isolé et tranquille, n'offrant aucune distraction, et clos. Il doit y avoir une entrée parfaitement identifiable. Il est indispensable que ce lieu, situé à l'extérieur ou à l'intérieur, soit absolument inconnu du chiot.

Le futur propriétaire du chiot doit demander à exécuter le test lui-même.

Si l'éleveur vous dit qu'il a déjà soumis la portée au test, demandez-lui gentiment l'autorisation de le refaire vous-même. S'il refuse, à vous de juger l'éleveur. Sûrement sa notoriété est surfaite. Méfiez-vous des éleveurs qui refusent, ce n'est pas eux qui payent les pots cassés.

Vous prenez vous-même le chiot que vous envisagez et vous le conduisez dans une zone choisie pour le test. Cette zone est évidemment convenue avec l'éleveur.

Vous ne devez pas parler au chiot, ni l'encourager, ni le caresser. Si le chiot fait ses besoins pendant le test, ignorez la chose et ne nettoyez l'endroit que quand le chiot sera parti.

Attraction sociale : Posez délicatement le chiot au centre de la zone de test et éloignez-vous de quelques mètres dans la direction opposée à celle de l'entrée. Accroupissez-vous ou asseyez-vous en tailleur et tapez doucement dans vos mains pour attirer le chiot, il doit vous rejoindre.

Aptitude à suivre : Partez d'un point situé à proximité du chiot et, éloignez-vous du chiot en marchant normalement. Le chiot doit vous suivre tout de suite.

Réponse à la contrainte : Accroupissez-vous, retournez délicatement le chiot sur le dos et maintenez-le dans cette position pendant 30 secondes environ en laissant votre main sur sa poitrine. Le chien se rebelle puis se calme et vous lèche.

Dominance sociale : Baissez-vous et caressez doucement le chiot en partant de la tête et en continuant par le cou et le dos. Le chiot se retourne et vous lèche les mains.

Dominance par élévation : Prenez le chiot sous le ventre en croisant vos doigts, les paumes des mains vers le haut. Soulevez-le légèrement du sol et maintenez-le ainsi pendant 30 secondes environ. Le chiot se rebelle puis se calme et vous lèche les mains.

Le test complet est modulable, en fonction des réponses, je vous ai donné les meilleures réponses du chiot.

Certains chiots ont tendance à réagir d'une façon agressive et pourraient même mordre. Ils ne conviennent pas à une famille avec des enfants ou des personnes âgées, car ils ont trop de caractère et sont à réserver à un maître averti qui veut faire de l'activité canine.

Certains chiots ont tendance à se faire valoir, sans toutefois atteindre des excès. Ils ne sont pas recommandés dans les familles où vivent déjà des enfants en bas âge ou d'autres chiens du même sexe.

Certains chiots, sont extrêmement soumis, et devront recevoir beaucoup de douceur et de gratifications pour avoir confiance en eux et parvenir à s'adapter le mieux possible au milieu humain. Ils cohabiteront difficilement avec des enfants.

À vous de situer le chiot en fonction du test. Le chiot a répondu comme je vous l'ai indiqué, il est complètement équilibré et pourra s'adapter partout, même s'il y a des enfants ou des personnes âgées. Il a un degré élevé de docilité.

Comprenez que nous n'appréhendons pas la dominance qui est un facteur lié à la meute, mais bien la docilité et donc la facilité d'éducation.

Maintenant vous pouvez réserver votre bébé chiot. Vous poserez une option ferme et vous donnerez un acompte.

7 - L'ARRIVÉE DU CHIOT

Avant de voyager, vous avez réglé les dernières formalités, et vous avez été particulièrement attentifs aux vaccinations. Vous avez un carnet de santé, un livret des origines familiales, un carnet de vaccinations et une facture.

Pour votre voyage, sachez que le chiot est un être fragile qui va pour la première fois vivre ce qui est pour lui un drame. Alors soyez compréhensifs envers votre chiot.

Vous ferez une halte par heure. Vous avez de l'eau, une gamelle, du papier absorbant, deux serviettes, et une vieille chemise à vous.

Pourquoi vous demandez-vous ? Eh bien la chemise va beaucoup servir plus tard car elle sera imprégnée de votre odeur, et deviendra un repère pour le chien.

Lorsque le chiot entre à la maison, il faut qu'il trouve un coin prêt pour lui. Il aura un panier avec un tapis moelleux. S'il vous plaît éviter l'osier car le chiot va déchiqueter et engloutir des morceaux. Vous aurez prévu deux écuelles si possible en acier et des jouets. Il devra y avoir deux types de jouets, pour s'amuser, et pour travailler.

Ne donnez pas de jouets en mousse ou en plastique que le chiot va détruire et dont il avalera des morceaux. Je préconise une balle ronde, une balle ovale et une barre en élastomère. Je ne suis pas sponsorisé, alors je m'autorise à vous conseiller la marque Kong qui est à mon sens la plus résistante et qui est ajourée pour mettre des friandises dans les jouets. Je renouvelle peu les jouets de mes quatre chiens en privilégiant la résistance.

Le poids des chiens pèsera à terme sur leurs articulations non protégées par du poil, et cela engendrera des calcites aux coudes des pattes. Offrez à votre chiot un coussin de panier très confortable et si possible avec une housse lavable.

Il ne faudra pas donner de suite ses jouets au chiot. Vous devrez attendre au minimum trois jours avant de jouer avec lui. Ensuite vous pourrez en laisser à la disposition du chiot.

Les jouets de travail vous les garderez pour l'apprentissage avec le chien. Cette procédure est la base de l'éducation du chien.

Le chiot en arrivant va devoir s'habituer à son chez lui et à sa nouvelle famille. Soyez patients, laissez le chiot prendre ses marques. Vous devrez attendre que votre chien soit en sécurité et se sente protégé avant de le solliciter.

À son arrivée, vous allez d'abord continuer les câlins, et doucement laisser le chiot explorer sa nouvelle maison. À ce moment-là, il y aura peut-être un besoin urgent et vous devrez faire comme si de rien n'était. S'il vous plaît ne montrez pas au chien que vous nettoyez, ne marquez pas le moment des besoins sinon vous augmenterez le temps que le chiot mettra à être propre.

Si vous avez un jardin, vous pourrez anticiper le moment du besoin urgent. Votre chiot sera très vite propre.

Le chiot fourrera son museau partout, laissez-le faire pour qu'il puisse se familiariser avec son milieu. Comme il va à un moment faire une bêtise, votre première leçon d'éducation va commencer.

Vous devez savoir dire « NON » et de façon sèche. C'est très important.

Ne vous inquiétez pas, si vous devez répéter. Pendant les deux premières semaines, c'est juste un « NON » que vous répéterez autant de fois que nécessaire. Surtout il ne doit pas y avoir de punition.

Ne vous précipitez pas au moindre gémissement du chien, sous peine d'en faire un mauvais comportement.

Le chien vit sa vie, vous vivez la vôtre. Ce n'est pas le chien qui décide.

Éviter l'accident en apprenant à bien soulever le chiot, mettez une main sur la poitrine, mettez l'autre main sous les fesses.

Après une semaine vous ne direz « NON » que deux fois. Si le chien continue, vous n'insisterez pas. Vous changerez de stratégie. Première leçon il ne faut pas crier. Deuxième leçon il ne faut jamais toucher le chien pour le contraindre.

Vous allez associer l'ordre « NON » à un bruit. J'utilise une bouteille d'eau en plastique remplie de petits cailloux et bien bouchonnée. Vous lancerez la bouteille à droite ou à gauche du chien en donnant sèchement l'ordre « Non ». S'il vous plaît ce n'est pas un jouet mais un outil d'éducation, alors ne donnez pas la bouteille au chiot. Je dis à droite ou à gauche et suffisamment loin de lui. C'est juste fait pour détourner son attention. L'erreur sera de toucher le chien avec la bouteille car vous le rendrez peureux.

Le chiot devra rester une semaine dans sa maison avec sa famille. Il ne devra pas rester seul car il serait désorienté et stressé. Et malheureusement votre chiot répondra à sa façon à son déséquilibre. Oui bien sûr il y a la propreté. Pensez-vous que le chiot fera dehors ? Essayez. Mais attention à ne pas exposer le chiot car son système immunitaire est inexistant pour l'instant.

Après une semaine, sortez et laissez le chien seul chez vous cinq minutes puis revenez. Félicitez-le, il est resté tranquille, il sera content de vous revoir. S'il a fait un besoin, ou une bêtise, faite comme si de rien n'était. Vous pourrez diminuer le temps, et mettre trois minutes. En général nous commençons par cinq minutes, puis dix minutes, faites-le tous les jours, et augmentez la durée. Le chien n'a pas la notion du temps. Mais, il a peur de l'abandon. Alors transformez la notion d'abandon en attente positive.

Plus tard, vous allez confier votre maison à votre chien. Alors ne loupez pas l'éducation de base.

À partir de deux semaines chez vous le chien devra sortir et là aussi vous devrez respecter une procédure. Pour sa première sortie le chien sera avec une laisse et un collier en cuir et surtout pas de collier étrangleur et encore moins de collier électronique.

Vous maîtrisez le premier commandement qui est le « Non ». Vous allez travailler l'ordre « Au pied ». Vous vous rendez dans un endroit calme et vous allez apprendre au chien à marcher à côté de vous. Commencez par mettre votre chien à votre gauche, puis commandez « nom de votre chien - au pied » et avancez la jambe gauche. Le mousqueton doit tomber librement, le chien doit avoir les épaules au niveau de votre genou. Le chien doit vous suivre mais pas vous devancer. Surtout allez-y doucement, vous ne corrigez pas le chien, vous lui apprenez. Ne vous inquiétez pas, il comprend.

compliquer la vie, pour plus tard.   Le chien est en apprentissage. Soyez compréhensifs. Avez-vous appris immédiatement ?

Pour l'instant limitez-vous à l'apprentissage de la marche en laisse. Il ne faut que votre ordre soit toujours « nom de votre chien - au pied » et vous ramenez le chien en bonne position. J'ai dit délicatement car c'est un chiot. Mais il a le droit de sortir, et en tout cas il ne doit pas apprendre un mauvais comportement. N'allez pas vous étapes. Vous avez remarqué que nous avons commencé tôt son éducation.

Les sorties devront être progressives en durée et en complexité. N'exposez pas votre chiot au centre-ville un samedi aux heures de pointe.

Commencez par des balades en campagne, puis en ville dans un endroit protégé du trafic, puis petit à petit exposez le chien.

Tôt ou tard votre chien aura peur. S'il vous plaît n'ancrez surtout pas ce comportement. Faites comme si de rien n'était et continuez à marcher. Il ne faut jamais féliciter un chiot pour un comportement inadéquat.

Je vous résume ma méthode pour le chiot : l'ancrage et le renforcement positif. Rien d'autre.

Quand on désire un peu de tranquillité à la maison, on peut utiliser un enclos pour chiot. Le chien doit avoir un repère, c'est son panier. Il doit de lui-même s'habituer à s'y rendre. C'est son coin, vous n'avez pas le droit d'y aller.

Vous pouvez aussi avoir une cage de transport métallique. Il faut l'y habituer dès son plus jeune âge, en le mettant dedans.

Pour amener le chien à utiliser son panier puis à accepter sa cage de transport, il faut y placer au début un os à mâcher, de la panse à mordiller, des oreilles à lécher, et son jouet préféré mais surtout sous le coussin la chemise qui a été utilisée pour l'arrivée du chien et qui porte votre odeur.

L'ancrage olfactif est une façon de rassurer le chien. Vous voulez l'habituer à rester seul un moment dans la voiture, à l'hôtel, chez des proches, chez des amis, il faudra utiliser l'ancrage olfactif pour que le chien reste serein. Bien entendu l'apprentissage est obligatoire, c'est de l'immersion puis de la répétition. Donc apprenez au chien, puis répétez.

Prenez votre temps, le chien apprend très vite, mais ce n'est pas un robot et parfois il fait son caractère. Dans ce dernier cas restez gagnants en n'insistant pas.

Le chiot ne devra jamais être dérangé lorsqu'il se trouvera dans son coin. Le chiot doit avoir à boire en permanence. Lorsque je me déplace je pense à amener de l'eau pour le chien. Un chien boit beaucoup, et de l'eau saine et propre.

Le chiot mange à heure fixe une ration prévue et si possible une alimentation de qualité. Il a 20 minutes, puis vous enlevez la gamelle. J'utilise personnellement des croquettes bios. Ne donnez pas en dehors du repas.

Pour les friandises, vous devez comprendre qu'elles sont nécessaires à l'éducation du chiot et plus tard du chien. Je me répète il faut travailler en renforcement positif. Donc la récompense est un outil d'éducation. Seulement la récompense est calorique. J'utilise du cœur de bœuf qui est une friandise sans gluten, sans sucre, sans sel, encore une fois je ne suis pas sponsorisé, vous trouverez cette friandise chez Albert le chien.

Il est important de commencer très jeune à habituer votre chiot aux soins quotidiens : oreilles, yeux, brossage…

On peut croire que votre chiot est équipé de piles longue durée, mais il a besoin de beaucoup de repos pour grandir. Plus votre chiot est grand, plus il est enclin à des problèmes d'articulation, et les jeunes chiens peuvent développer des problèmes graves s'ils font trop d'exercice.

Attention aux exercices violents, aux escaliers, aux courses rapides, aux randonnées trop longues, trop d'exercices peuvent nuire à sa santé.

Le chiot ne doit pas dépasser ses propres limites. Vous devez être très prudents pendant sa croissance car il développe son ossature et trop d'exercices peuvent engendrer des accidents. Limitez vos balades à 5 minutes au début et augmentez progressivement. Ne pas dépasser 30 minutes par séance jusqu'à 8 mois (la croissance rapide se produit entre 2 et 8 mois). Ensuite, continuez très graduellement jusqu'à ses 2 ans.

C'est important de ne pas confondre vitesse et précipitation, dans l'éducation de votre chien.

Les chiots adorent jouer, mais ont besoin de beaucoup de siestes entre les jeux et les repas.

Ne faites pas jouer votre chiot/chien immédiatement après les repas il risque une torsion d'estomac qui est mortelle si elle n'est pas soignée immédiatement.

8 - LA PROPRETTE DU CHIOT

Pour votre chiot, la propreté signifie naturellement de ne pas faire sur les lieux de couchage et de nourriture.
Le chiot doit donc comprendre la propreté autrement.
Pour faciliter l'apprentissage vous devez respecter quelques règles.
Distribuez la nourriture à heure fixe si possible pas le soir tard.
Laissez manger le chien seul au calme et lui retirer sa gamelle vingt minutes après la lui avoir donnée. Qu'elle soit vide ou pas.
Toujours laisser de l'eau propre disponible.
Sachant que le chiot se soulage après l'ingestion de nourriture, sortez-le juste après avoir mangé, mais ne le faites pas courir.
Un chiot dort beaucoup, il va donc se reposer de nombreuses heures et souhaite se soulager presque automatiquement à son réveil. Sortez-le juste après le repos.
Un chiot de 8 semaines ne peut pas se retenir plus d'une heure ou 2 dans la journée, 3 ou 4 heures la nuit, donc soyez patients. Vous pouvez compter les heures et sortir le chien. Je vous assure que cela fonctionne très bien, si vous sortez le chien après les repas, après les siestes, après les séances de jeux, le soir avant le coucher et le matin dès le jour et les premiers bruits. Le chien va vite comprendre, et viendra vous alerter.

Il ne faudra pas attendre du chiot une réelle capacité à se retenir plusieurs heures avant l'âge de 6 mois.

Vous devez sortir le chien trois fois par jour au minimum.

Le chiot parfois va naturellement se soulager dans la maison, surtout ne le punissez pas. Mais n'ancrez pas ce mauvais comportement. Faite comme si de rien n'était.

Sortir le chiot souvent et dès son plus jeune âge est une évidence.

Au début choisissez de le conduire en laisse dans des endroits tranquilles et propres.

Les endroits bruyants, très fréquentés de gens et de congénères sont à proscrire.

Il est conseillé de sortir le chiot avant ses 3 mois. Le risque infectieux est minime. Par contre pour son éducation c'est génial. Il deviendra plus vite équilibré et capable de faire ses besoins en laisse où que vous alliez.

Et même si votre chiot dispose d'un jardin, cela ne dispense surtout pas de le sortir dans la campagne.

Enfin pas de fixation sur la propreté, elle viendra entre six et huit mois.

Tordons une fois de plus le cou à une idée répandue : on ne met pas le museau du chien dans sa merde ! c'est insensé. Vous n'aurez jamais un chien équilibré avec ce genre de méthode. À l'inverse le chien finira par devenir craintif, car la punition l'attend à tout bout de champ.

9 - LA SOCIALISATION DU CHIOT

À partir de sa huitième semaine, le chiot peut de manière légale quitter l'endroit où il est né.

Il va falloir qu'il découvre sa nouvelle « maison » et poursuive l'apprentissage de la vie, de ce qui l'attend dans les mois et années à venir.

Des expériences nouvelles sont indispensables aux chiots pour acquérir un équilibre comportemental satisfaisant à l'âge adulte, cette confrontation avec le monde qui l'entoure devant se réaliser dans de bonnes conditions (absence d'éléments anxiogènes).

Le chiot a grandi aux côtés de sa mère qui s'est occupée de lui inculquer quelques règles. Dans le meilleur des cas, il était aussi entouré de frères et sœurs avec lesquelles il a pu échanger, jouer et apprendre aussi le partage. S'il a vécu à la campagne et qu'il se retrouve en ville — ou inversement — cela constitue un premier grand changement dans sa vie.

De nouveaux bruits, puis un nouvel environnement, les premiers jours, cela fait beaucoup d'un seul coup ! C'est pour cela qu'il convient de l'accueillir avec un certain calme.

Le chiot doit une semaine après son arrivée être manipulé régulièrement mais précautionneusement, et confronté en douceur et de manière progressive aux différents bruits de la vie courante, il sera plus rapidement à l'aise.

Ensuite, il devra être confronté aux bruits, de la télévision, de la radio, de l'aspirateur, du balai que l'on passe non loin de son museau, aux voisins dans l'escalier ou le jardin, aux visites d'amis.

Le chien vacciné, vous devez sortir le plus possible sans craindre pour sa santé. C'est essentiel.

Apprenez-lui progressivement à s'habituer à tous les bruits, à tous les lieux. Ces petites incursions alors qu'il est tout jeune lui éviteront de nombreux problèmes plus tard dans sa vie. Et surtout, surtout faites-lui croiser des gens. Arrêtez-vous, serrer des mains et habituez-le aux enfants de la rue qui veulent le complimenter.

Tordons le cou encore à une idée reçue, le chien ne devrait jamais être caressé par des étrangers, pour préserver son instinct de garde. Pas de chance c'est exactement l'inverse. Il faut le socialiser sinon ce ne sera pas un chien de garde qui sait analyser un danger mais un lion en cage prêt à bondir sur tout ce qui passe à sa portée.

Les chiots devraient être présentés à des enfants de tous les âges, s'il n'y en a pas dans la maison, trouvez-en. Par contre, il doit toujours y avoir un adulte qui supervise lorsque les enfants sont avec le chiot de manière à ce que les jeux ne deviennent pas trop houleux et que le chiot ait une expérience positive.

Si le chiot fait mal à l'adulte, le gros chien trouvera une manière d'arrêter le petit, soit avec un grondement soit avec un aboiement. Stoppez immédiatement votre chiot. Ces conseils sont essentiels pour l'éducation. Éduquer le chiot en l'habituant aux autres chiens est essentiel. Une des meilleures manières d'apprendre les bonnes manières canines est de permettre à votre chiot de rencontrer des chiens adultes. Les chiens adultes font attention aux chiots, c'est leur nature. Exposez le chiot progressivement à des congénères adultes, et s'il y a agressivité vous devez stopper immédiatement le chiot.

Apprenez à votre chiot à accepter d'être manipulé par d'autres que vous dès son plus jeune âge. Donnez une petite récompense au chiot pour avoir permis ceci. Par contre la récompense ce n'est que vous. Essayez de vous souvenir de cette règle. Ne permettez à personne de nourrir votre chien, c'est la base de l'éducation au refus d'appât. De cette manière, les chiots apprendront qu'être manipulés par tout un tas de gens est une expérience agréable et manger ce n'est que sur indication du maître. Pour les obligations de pension, il faudra que le chien soit présenté à l'accueillant et progressivement immergé (une heure en pension, puis deux...), ne mettez pas le chien en pension avant son éducation complète c'est-à-dire dix-huit mois. Si vous utilisez votre chien en garde, évitez la pension et préférez confier le chien à des proches connus du chien et averti. Je sais, faire garder son chien est une contrainte, pensez-y avant et choisissez une personne de confiance et averti. Les traumatismes psychologiques liés au sentiment d'abandon existent dans ce cas, alors éviter absolument l'autoritarisme d'un inconnu ou pire de la violence. La solution c'est un ami connu du chien, avec qui vous préparerez la transition progressivement, voilà c'est ce que je fais.

10 - LES JOUETS ET LES JEUX

Le jeu permet au chien de se distraire et de partager avec son maître. L'éducation se fait toujours par le jeu. Vous devrez vous assurer que l'animal se sert correctement des jouets, non pour les détruire, mais pour jouer. Au moment des poussées dentaires vous donnerez des jouets spécifiques à mordiller.

Il y a deux sortes de jouets, les uns pour que le chien s'amuse tout seul, les autres pour que vous qui dirigez le jeu.

L'idéal est de posséder, des balles ajourées ou vous pouvez glisser une friandise.

Vous prenez une balle au bout d'une ficellerie. Vous lancez la balle, et vous laissez le chien s'en emparer. Vous donnez l'ordre « rapporte ». Vous donnez l'ordre de donner la balle.

Pour développer la concentration du chien, lors du lancer de balle, vous pouvez faire semblant de lancer, et observez le chien : au début il anticipe et la balle reste dans votre main, après plusieurs exercices il fixe votre main et n'anticipe plus, et c'est parfait car il fixe votre main et se concentre ensuite sur le jet de balle et la trajectoire. C'est un excellent jeu pour la concentration. Je vous recommande ce jeu car il prépare très bien le chien à la précision qui lui sera demandé en sport canin, ou il ne faudra pas anticiper mais observer et être sûr.

Il faut terminer les jeux de manière agréable, le chien doit avoir sa récompense après le retour au calme, vous pouvez utiliser l'ordre « calme ». Si vous jouez jusqu'à ce que le chien n'ait plus envie, le chien vous proposera un refus. Si vous jouez et vous laissez le chien s'exciter, il faudra crier pour stopper le jeu, le chien enregistrera que l'obéissance est liée aux cris. Vous devez rester maître de la situation.

Il faut que votre chien s'amuse, et apprenne en même temps, mais sans trop s'agiter. Il faut communiquer avec le chien et être observateur : sa posture vous montre s'il commence à s'énerver. Parfois votre chien devient trop brusque, il faut stopper le jeu.

Lorsque vous êtes chez vous, après le jeu, le jouet est rangé après avoir montré la cachette, ainsi le chien pourra demander à jouer en se positionnant devant la cachette. Il ne faut pas accepter que le chien saute, aboie ou réclame, vous donnez l'ordre « non ».

Un deuxième exercice pour entraîner la concentration de votre chien est de proposer un jouet sous forme de corde à nœuds, au niveau de votre poitrine. Si votre chien le regarde, attendez qu'il le fixe bien, puis proposez-lui de prendre un bout et vous tirez doucement sur l'autre, vous devrez toujours accroître la durée d'observation par l'animal. Il y a un double travail dans ce jeu : d'une part la concentration, d'autre part la tenue en gueule qui deviendra plus tard le mordant. À ce jeu le chien ne doit pas gagner à la fin. Si le chien essaye de vous mordre, le jeu de traction est immédiatement stoppé.

Il y a aussi les jeux qui développent l'intelligence, comme le jeu de la balle jaune et de la balle rouge. Vous prenez une balle jaune, et une balle rouge. Vous insérez une friandise dans la balle jaune. Vous trouverez des balles et des jouets prévus pour insérer de la nourriture. Vous posez les balles à cinquante centimètres du chien et, dès qu'il s'en approche et pousse du nez la balle jaune vous annoncez : « Balle jaune » et vous récompensez le chien. Vous devez répéter 10 fois la procédure. Ensuite vous demandez : « Balle jaune » avant que le chien ne se déplace vers les balles. Dès que le chien maîtrise le rapport de la balle jaune, vous enlevez la friandise de la balle jaune et vous mettez dans la balle rouge. Une fois l'exercice maîtrisé, vous allez travailler la discrimination. Vous placerez les deux balles avec chacune des friandises et vous demandez au chien « Balle jaune » ou « balle rouge ». S'il rapporte la bonne balle jaune, il est récompensé ; s'il rapporte la mauvaise balle il n'est pas récompensé. Vous lui donnez, bien entendu, le droit à l'erreur en disant « essaye » et vous recommencez. Il faut travailler la procédure jusqu'à ce que le chien ne se trompe plus. Ensuite, ajoutez un troisième objet, puis un quatrième, etc.

Les jeux de pistage sont excellents pour un chien poly compétent. Vous demandez au chien un « Assis » puis un « pas bouger » et vous vous éloignez en emportant sa gamelle que vous déposez à trois mètres. Ensuite, vous demandez au chien de trouver son repas en annonçant « cherche ». Une fois que le chien a pris l'habitude, vous dissimulez la gamelle mais en laissant le chien voir la cachette. Ensuite vous dissimulerez de mieux en mieux le repas, tout en restant visible, n'oubliez pas l'ordre « cherche ». Ensuite ce sera l'étape ou le chien ne vous verra plus cacher sa gamelle, et vous lui direz « cherche ». Une fois que le chien joue avec plaisir à chercher sa nourriture, vous allez évidemment lui faire chercher des vêtements – secret un peu nourriture dans votre main, et un peu près de l'objet à chercher -, puis vous supprimer la nourriture dans votre main, puis celle près de l'objet. Le jeu est toujours à la base de la procédure de travail professionnelle. N'oubliez pas de répéter les conditionnements quotidiennement au début de l'apprentissage.

11 - LE COMPORTEMENT

Pour être un maître averti je pense qu'il vous faut de bonnes bases en comportementalisme canin.

Nos chiens s'ennuient et souffrent d'un manque d'activité. Dormir, boire, manger, être caressé, sortir en laisse pour une petite promenade résume la vie de beaucoup de nos chiens.

Les quatre premiers mois de sa vie le chien est un chiot. Jusqu'à l'âge de six mois le chien est juvénile. À partir de six mois et jusqu'à 12 mois le chien est un jeune chien adulte. En fonction de la race cela peut aller jusqu'à 18 mois. À partir de 12 mois ou 18 mois et jusqu'à l'âge de huit ans environ le chien est adulte. À partir de huit ans c'est un vieux chien.

Le comportement de votre chien évolue pendant les différentes phases de sa vie. Les chiots sont enthousiastes, et les jeunes chiens très fougueux. Au départ de l'éducation, il y a excellents résultats, si bien que le niveau d'exigence augmente souvent trop vite et les récompenses disparaissent aussi trop vite. À partir de l'âge de quatre mois, les chiens gagnent en indépendance et s'affirment, le maître devra être juste et ferme sans autoritarisme. Lorsque le chien atteint la puberté il se mue souvent en intrépide, il faut continuer à le faire travailler et il faudra encore plus le féliciter à chaque étape de son éducation.

Il ne faudra jamais contraindre le chien ou le tirer vers vous, le chien il doit agir à votre demande de sa propre initiative, c'est essentiel.

La compréhension du chien se fonde sur le langage corporel de l'homme, et pas sur les mots, ce qui peut entraîner des difficultés de communication. Si vous êtes détendu, le chien le sera également. Si vous êtes irrités, voir nerveux, vous provoquerez chez le chien une réaction de doute ce qui l'empêchera de travailler et d'être à l'écoute. Il agira par peur que votre humeur soit contre lui.

Il faut éduquer un chien en utilisant pour chaque exercice (positions, rappel, stop, attaque et défense) trois signes associés : le mot (voix), un signe (main, bras) et un son (clicker, sifflet, claquement de doigts). Pour un chien la parole n'a aucun sens ; il ne reconnaît que l'intonation de la voix. Lorsque vous éduquez votre chien éviter toute ambiguïté : dites toujours son nom, puis l'ordre oral, suivi du signal visuel puis enfin du signal son.

Il faudra toujours éviter les phrases complètes : un ordre doit être court et d'une syllabe. Vous devez parler d'une voix nette et précise, sans crier. Le chien entend les ultrasons si vous montez le son il apprendra à ne réagir que sur une vocalise trop haute, et vous perdrez un exercice qui est essentiel : le travail en état d'urgence ou l'entraînement est basé sur le cri.

Dans le travail de garde et de défense si votre voix trahit un doute, ou si vous êtes un « aboyeur », vous n'obtiendriez que de piètres résultats.

Le fait d'associer un mot, un signe, et un son qui correspondent à un ordre sera de nature à éviter les confusions, et permettra d'avoir d'excellents résultats en garde et en défense.

Le seul inconvénient est d'avoir sur vous le clicker, ou le sifflet. Sachez qu'ils ne sont pas utilisables en compétition de RCI ou de Ring. L'association en compétition se fait sur mots et gestes. C'est seulement au quotidien que vous rajoutez le son. En utilisation professionnelle – armée, gendarmerie, corps cynophile constitué – les trois signaux sont toujours utilisés, ainsi que des codes de nuits pour le chien quand il est équipé de lunettes infrarouges spécifiques.

Génétiquement, instinctivement, un chien est programmé pour l'action. L'inaction le conduit souvent à avoir des problèmes de comportement et des troubles psychosomatiques. Ne pas répondre aux besoins de votre chien est une forme de maltraitance passive.

Nos chiens vivent des émotions, et ont des sentiments. Nous ne pouvons pas savoir exactement ce que ressent notre chien, mais nous pouvons l'appréhender, si le rapport que nous avons établi avec notre chien est de confiance et de connivence. En observant notre chien nous pourrons apprendre, tester puis anticiper. Il n'y a rien de mystérieux, c'est simplement de l'observation.

Le modèle hiérarchique est le modèle le plus répandu et le plus utilisé. Chaque comportement du chien est disséqué et interprété en termes de pouvoir et d'autorité. On parle de chien soumis. Trop de dresseurs canins ont pour mot d'ordre de casser le caractère du chien. Vous voulez un chien, calme et équilibré, alors il faudra oublier la méthode forte. Pour votre chien n'utilisez pas cette méthode, vous allez trop perdre en annihilant la capacité innée du chien à l'anticipation, et il deviendra une machine.

Parfois les perfides, pour ne pas s'avouer qu'ils sont violents et cruels, nomment l'éducation hiérarchique « débourrer un chien ». C'est malsain.

Les professionnels qui travaillent avec des chiens d'utilisation comme la Police, l'Armée ou la Sécurité Civile, sont le bon exemple. C'est leurs méthodes que je vous transmets. Je vous invite à assister à un Challenge

Inter Unité Cynophile comme celui qui se déroule à Blois si vous en êtes en France, vous comprendrez que le modèle hiérarchique est obsolète et proscrit.

Le chien respecte notre autorité pour que nous assurions sa sécurité et son alimentation. Il ne faut pas essayer de guérir un chien de l'une des deux maladies du maître : l'autoritarisme ou la faiblesse.

Des chiens qui ont tous les droits, comme s'ils s'agissaient de princes développent des problèmes de comportement liés aux manques de repères et aux manques de limites.

Il y a une méthode simple et efficace pour communiquer avec son chien. C'est par la connaissance que tout commence, par la pratique qu'il faut poursuivre, et c'est l'entraînement qui forge l'expérience.

Les comportements chaotiques et psychotiques, sont essentiellement liés à ces deux modes de communication avec le chien : autoritarisme et laisser faire.

Les comportementalistes, parlent d'« Hyper » pour un chien qui tend vers l'hyperactivité et qui est agressif par crainte, et d'« Hypo », pour un chien timide, peureux, qui refuse l'activité. Évidemment il s'agit de tendance, et il faut observer les modulations.

Le Chien est particulièrement ritualisé dans son comportement du quotidien, il est souvent « réglé comme du papier à musique » pour réagir à notre emploi du temps qui dicte le sien, mais aussi à tout enseignement.

C'est d'ailleurs dans la « routine » que le Chien se sent le mieux : ce sont les rituels appris, et le prévisible, qui le rassure.

Au rythme de nos allées et venues, de l'éducation à nos attentes, le chien se fabrique un catalogue de comportements, qui est organisé autour de nos activités humaines, professionnelles ou autres.

Le changement d'habitude doit se gérer, et il faudra préparer le chien progressivement, et toujours être plus proche du chien dans ce moment-là.

Les situations de stress amènent des comportements en réponse qui sont souvent la destruction, et l'agressivité. Plus rarement le chien développera des névroses et des pathologies psychosomatiques.

12 - RÈGLES POUR L'ÉDUCATION

Mon chien écoute ! Quel maître n'a pas cet objectif ?
Avec son chien, le maître doit adapter son code de communication : il ne s'agit pas d'expliquer au chien ce qu'il doit faire pour qu'il le fasse. Il faut associer, un mot, un geste, un signal précis à un comportement défini et reproduire cette association dans les situations les plus variées et les plus complexes, tout en canalisant les distractions du chien.
La base est de garder à l'esprit que même un chien bien éduqué ne répond à un ordre que s'il en a envie ! La plupart des chiens seront désobéissants face à une odeur qui les intéresse, la présence d'un congénère, la présence d'un autre animal, la présence d'une femelle en chasse pour un mâle. Il faut rechercher les situations ou le chien à une tendance à refuser d'écouter, pour l'exposer et travailler calmement et patiemment.
La manière autoritaire conduit à des comportements psychotiques liés au refoulement et au stress.
Une bonne éducation c'est le chien qui réalise de lui-même l'action désirée, de manière fiable et reproductible, dans le plus de situations diverses et complexes possibles. Attention les cent pour cent n'existent pas, le chien n'est pas un robot.
Le premier principe est de savoir que le chien ne vous écoute que s'il n'est pas distrait, il faut donc l'habituer lorsqu'il est distrait à ce que vous soyez plus intéressant pour lui que l'objet de sa distraction, et ce n'est pas une

fatalité que les distractions ne puissent pas être surmontées.

Le besoin du chien de communiquer avec son maître doit être impérativement cultivé et encourager. Il est essentiel qu'un chien est confiance dans son maître afin de se comporter de manière prévisible, détendue et amicale. Les sautes d'humeur, les cris, les mesures punitives et la modification constante des méthodes d'éducation notamment l'éducation avec plusieurs personnes à la maison, vont désorienter l'animal. Le maître interprète souvent comme une marque d'entêtement quand le chien tourne la tête et cherche à s'extraire d'une situation, et le maître finit par perdre patience. Le chien observe son maître qui perd patience, et intensifie de plus belle ses tentatives de communication et d'apaisement. Le chien prend alors ses distances et tente encore plus d'échapper à la situation. Mais son maître y voit encore un signe d'insoumission et s'énerve. Le chien est stressé et la situation risque de s'aggraver. L'ennemi du maître est le stress de vouloir aller trop vite. Après tout, pour nous aussi, l'apprentissage de nouvelles notions est difficile, si un éducateur nous stresse, nous entrons en résistance, plus ou moins directement. Chez le chien, ce phénomène lié au stress fonctionne de la même manière que chez l'homme.

Pour inculquer les bonnes bases éducatives il faut commencer par le chiot dès trois mois, en respectant une procédure qui est d'abord l'apprentissage toujours sous forme de jeu, puis la répétition, ensuite l'association, puis l'intégration aux comportements quotidiens. Vous apprécierez alors pleinement les résultats vers les dix-huit mois du chien. Bien entendu lorsqu'il est chiot pour les exercices demandant beaucoup de concentration il faut avancer très doucement, dans tous les cas à la moindre fatigue, ou si le chien fait signe qu'il en a marre, vous devez stopper, il faudra vous arranger que ce soit sur une réponse positive.

Pour débuter son éducation, vous commencerez par intégrer de petits exercices dans son quotidien. Il faut commencer par l'« assis », et l'intégrer comme ordre de base avant de manger, de sortir, d'aller se reposer, de monter dans la voiture. Les bases du premier ordre qui est l'« assis » acquises, vous pourrez passer au suivant qui est l'ordre « coucher », puis à l'ordre suivant qui est l'ordre « debout ». Vous constaterez alors que l'éducation est synonyme de nombreux moments agréables, tant pour vous que pour votre compagnon, car elle est intégrée au quotidien. C'est le secret de la réussite, passer de l'apprentissage par le jeu, à l'intégration de l'apprentissage au quotidien. Pour le chiot la notion de travail n'existe pas, par contre il est très sensible au conditionnement et il faudra être attentif à répéter l'apprentissage au quotidien dans le maximum de situations différentes possibles.

Il ne faut jamais toucher le chien pour le contraindre. Ce n'est pas une question de taille ou de poids mais de caractère. Un chien peut mal interpréter une action ou un ordre, où être un jour mal luné. J'entends par toucher, vouloir imposer à un chien une position.

Le niveau d'exigence de l'éducation doit être progressif, pour ne pas être une source de frustration, pour le chien. Apprendre en une séance les premiers ordres de bases « assis », « coucher », « debout », est une faute professionnelle. Le chien pourra même décider d'abandonner la partie et vous aurez peut-être l'impression qu'il ne veut plus rien faire. Vous devez simplifier les étapes de son éducation et lui faire apprendre ordre par ordre, puis associer l'ordre au quotidien, et vous ne passez à l'ordre suivant que si le précédent est assimilé dans le quotidien. Alors vous aurez de bons résultats. La répétition au quotidien servira au chien à intégrer que ce n'est pas un exercice mais une règle de vie, vous récompenserez régulièrement puis seulement lorsque ce sera parfait. Pour ancrer un ordre acquis, il faut au début apprendre sans la présence d'élément pouvant détourner l'attention du chien, puis au fur et à mesure intégrer l'acquis à toutes les situations, attention néanmoins de ne pas exposer le chien trop tôt aux situations trop extrêmes.

Nous n'utiliserons pas de collier électronique qui est réservé à une éducation ciblée à partir de 18 mois par un éducateur breveté. Le collier étrangleur est inutile, l'apprentissage de la marche au pied est facilement acquis par un chien, si vous ne commettez pas l'erreur du débutant, qui est d'ancrer de mauvaises pratiques en ne corrigeant pas le chien lors d'un écart. Vous ne corrigez pas un chien qui tire sur la laisse avec un collier étrangleur, c'est juste malsain et violent, vous devez dire « non », et vous stoppez, attendre et reprendre à partir de la bonne position.

Il ne faut pas crier. Le chien perçoit les ultrasons, donc il vous entend même si vous parlez à voix basse. Surtout la modulation de voix est un outil pédagogique. Vous devez vous forcer à parler normalement. Dans l'extrême urgence nous utiliserons un ordre crié et ce sera l'objet d'une éducation.

Si vous gâchez toutes vos munitions maintenant vous serez désarmés en cas de besoin extrême. Alors je vous conseille de parler bas, de répéter en montant un peu le ton et pas plus. Évidemment le chien peut très bien ne pas obéir, voir se rebeller, mais nous avons d'autres tactiques, plus vous avez de cordes à votre arc mieux c'est, donc la voix ne suffit pas, alors vous allez faire la tête et détourner le regard. Je ne t'aime plus et je ne m'occupe plus de toi. Rappelez-vous je sanctionne sur l'action par un comportement proportionné et je lève la punition. Certains se disent que ce n'est pas possible, qu'il faut crier, punir en enfermant, mettre une sacrée raclée, le chien crie la caravane passe, et à l'occasion vous comprendrez ce que veut dire le mot vengeance.

Le chiot et le chien sont deux réalités différentes, et nous devons parler d'apprentissage pour le chiot et d'éducation pour le chien. Bannissez le mot dressage. Vous a-t-on dressés quand vous étiez enfants ?

Il faut souligner que la construction mentale d'un jeune chien est comme une éponge prête à absorber des millions d'informations qui seraient difficilement reçues par un chien adulte.

Respectez cette règle pour le chiot : il faut travailler souvent mais pas longtemps. Surtout le travail pour le chiot est basé sur le jeu et le plaisir.

Le chien doit savoir d'instinct qui commande, à qui il peut se fier, qui il peut suivre et avec qui il peut tout simplement jouer. Il est préférable pour le socialiser de passer par un club, ainsi le chien partagera avec d'autres chiens et vous avec d'autres maîtres ou maîtresses.

Le travail d'éducation doit être de nature physique et intellectuelle. Personnellement je considère qu'il doit être d'abord intellectuel. Un chien peut apprendre jusqu'à cent cinquante comportements. Je ne dis pas mot, car cela ne veut rien dire, c'est bien le comportement associé au mot qui est important.

Les gestes pour éduquer son chiot ne doivent pas être brusques, pour ne pas prêter à confusion et ne pas faire peur au chiot. Un mot doit induire un comportement pour le chien. Il faut faire apprendre, faire répéter, puis faire associer le comportement à une attitude globale au quotidien. Il s'agit de trois phases différentes.

13 - L'EDUCATION

Marche aux pieds avec la laisse
Quand un chien tire sur sa laisse, il se met aux avant-postes pour renifler un emplacement particulièrement apprécié, rejoindre un camarade de jeu, faire en fait quelque chose à sa convenance. Le maître doit refuser. Sinon tirer sur la laisse est récompensé par la réalisation de l'objectif. Votre rôle sera de ne pas céder, au contraire, soyez fermes pour que votre compagnon marche au pied avec la laisse. Il faut vous arrêter si le chien tire sur la laisse, puis attendre un peu et donner l'ordre « non ». Il n'est pas souhaitable de bloquer le chien avec sa jambe pour l'obliger à être à bonne hauteur. Chez le berger belge, il est plus judicieux de changer de direction dès que vous sentez qu'il tire, de stopper et de dire « non ».
Assis, couché, debout
Une friandise aide à apprendre à s'asseoir, à se coucher et à se mettre debout.
Au début, vous dites l'ordre quand le berger belge entame la position souhaitée puis vous faites un geste adéquat par exemple main vers le haut pour le debout, vers le bas pour le coucher et horizontale pour l'ordre assis, enfin vous associez un son au clicker par exemple, un coup pour l'ordre assis, deux coups pour le coucher, un seul coup très long pour le debout. Vous terminez chaque exercice avec un signal de fin de cours (par exemple : va jouer). Et n'oubliez jamais la friandise (en

fin d'exercice pour le chiot, en fin de séance pour le chien). Par contre la caresse c'est toujours, dès que c'est bien exécuté.

Travailler l'ordre « assis » :

Prenez une friandise dans la main et tenez-la de manière à ce que le chien puisse la sentir et la lécher, mais pas la manger. Vous allez doucement déplacer la friandise de son museau vers le dessus de sa tête. Le chien va alors commencer à s'asseoir pour être plus à l'aise et suivre la friandise des yeux. Maintenant vous enchaînez l'ordre, le geste et le son. Dès que l'arrière-train touche le sol, donnez la friandise. Je déconseille, mais c'est possible d'apprendre d'abord avec l'ordre, puis avec l'ordre et le geste, puis avec l'ordre, le geste et le son. C'est moins bien pour le conditionnement.

Avec un berger belge, il est impératif de travailler avec les trois systèmes de reconnaissance. Avec trois signaux différents vous éviterez la confusion, ce qui est essentiel pour un « stop » ou un « au pied ».

Travailler l'ordre « couché » :

Il ne faut pas travailler à partir de la position assise, c'est une hérésie qui gênera le conditionnement. Vous devez partir de l'ordre chien debout. Vous déplacez une friandise en partant devant le museau du chien et en allant vers le sol. Le chien suivra votre mouvement. Vous devez uniquement lui donner la friandise quand il est couché. Vous pouvez placer une friandise sous une chaise ou une table suffisamment basse pour que le chien se couche pour manger la friandise.

Souvenez-vous au début il ne faut pas donner l'ordre tant que le chien s'apprête à prendre la position souhaitée.

Travailler l'ordre « debout » :

le chien est au coucher, vous tenez une friandise devant le museau et vous éloignez lentement votre main en suivant une ligne parallèle au sol et dès que le chien lève les pattes arrière pour se mettre debout, à ce moment-là vous offrez la friandise.

Travailler l'ordre « Pas bougé » :

Mettez le chien à l'ordre « assis », tenez une friandise en mains, attendez dès que le chien commence à bouger donnez l'ordre « pas bougé » et offrez la friandise.

Au fil du temps, votre chien gagnera en assurance et respectera de plus en plus longtemps la position « pas bouger ». Vous devrez alors faire l'exercice en vous éloignant progressivement de votre berger belge.

Commencez par vous éloigner d'un mètre, puis vous donnez l'ordre et vous récompenser.

Avant d'augmenter la distance il faut vous assurer que le chien ne bouge pas sur l'exercice.

Ensuite il faudra vous cacher et laisser le chien sur place avec l'ordre « pas bougé ».

Il ne faut pas chercher l'échec, il faut patiemment ancrer les distances pour en faire accepter de nouvelles.

Le travail à distance sur les positions de base :

Le chien doit apprendre que l'ordre ne signifie pas qu'il doit prendre la position demandée en étant près de vous, mais il doit prendre la position là où il se trouve et au moment où vous la lui demandez. L'importance de la coordination du mot, du geste et d'un son, devient essentielle.

Attachez votre chien à un arbre et éloignez-vous de 2 m et vous donnez l'ordre « Assis ». Rejoignez le chien et récompensez-le. Au futur et à mesure vous augmenterez progressivement la distance vous séparant du chien. Si besoin vous repartez de la distance précédente. Avant d'augmenter la distance il faut vous assurer que le chien ne bouge pas sur l'exercice. Il ne faut pas chercher l'échec, il faut patiemment ancrer les distances pour en faire accepter de nouvelles. Maintenant vous recommencez le travail avec le chien sans laisse (attention il faut être en endroit clos).

Dans le travail à distance sur les positions de base, nous incluons l'arrêt sur l'ordre « stop ». Vous marchez, et vous donnez à votre berger belge l'ordre « assis » suivi de l'ordre « pas bougé », et vous faites deux pas puis vous donnez l'ordre « au pied ». Au futur et à mesure vous augmenterez progressivement la distance. Dans un deuxième exercice, vous demanderez à votre chien de rester « debout » et vous continuerez à marcher en rajoutant l'ordre « pas bouger ». N'oubliez jamais de féliciter et de récompenser. Au fur et à mesure des exercices il n'y aura que la félicitation, la récompense sera donnée en fin de séance.

Au pied : L'ordre « au pied » est essentiel, il a déjà été travaillé juste avant mais nous allons l'ancrer. Dans de nombreuses situations lorsque vous vous promenez, il s'agira de rappeler le chien mais aussi de l'habituer à marcher au pied près de vous. Vous devez savoir faire évoluer votre chien aussi bien à votre droit, qu'à votre gauche.

Pour la marche au pied sans laisse. Vous débutez avec une marche aux pieds avec la laisse et vous décrochez la laisse en laissant une main sur le dos du chien. Offrez la friandise. Maintenant vous donnez l'ordre « marche au pied », le chien suit à vos pieds. Vous donnez la friandise tous les dix mètres, puis vous espacez les friandises. Vous devrez augmenter progressivement la durée pendant laquelle le chien marche à vos côtés sans laisse pour que le chien reste concentré donnez l'ordre « au pied » régulièrement.

Faites preuve de patience, il faut absolument obtenir la collaboration de l'animal. Si vous réalisez cet exercice avec la laisse il y a de fortes chances pour que vous ne puissiez jamais le réaliser le chien en liberté sans laisse.

L'ordre « au pied », doit se travailler lors de toutes les sorties. Dès le départ de votre balade, lorsque vous décidez d'enlever la laisse, vous demanderez plusieurs fois l'ordre « au pied ». La récompense sera de pouvoir laisser le chien se balader un moment librement. Bien entendu, le chien doit rester sous votre contrôle notamment s'il y a un manque de visibilité, s'il y a le moindre risque et si vous croisez d'autres promeneurs avec ou sans chien. La règle est de mettre votre chien au pied puis en laisse dès que vous croisez d'autres personnes avec ou sans chien. Si le chien déroge à la règle de rappel au pied il doit être immédiatement mis en laisse pour une période d'au moins de 10 minutes. Au bout de cette période vous refaites un test, si le chien déroge à la règle du rappel au pied, le reste de la balade se fera en laisse.

L'ordre non :

« Non » est un ordre signifiant « tu peux abandonner tout de suite, je te l'interdis ». Une éducation digne de ce nom et qui vise à avoir un chien facile à vivre suppose que vous consacriez du temps à cet ordre. Bien entendu, vous pouvez choisir un autre mot que « non », l'important sera d'y associer un geste et un signal sonore. Pour le geste et le signal sonore il vous faut faire très attention à éviter toute confusion involontaire avec un autre ordre.

Pour le premier exercice munissez-vous d'une récompense, tenez votre chien en laisse, placer la récompense de manière à ce que l'animal puisse la voir et la sentir, mais pas l'atteindre. Au moment où le chien tire sur la laisse pour tenter d'attraper la récompense, vous donnez l'ordre « non », une seule fois. Ensuite, vous restez silencieux. À cet instant le chien va-t-il essayer, de désobéir ? Vous devez alors absolument rester sur place et ne pas cédez il faut rester silencieux et détourner le regard. Le chien va avoir l'envie de désobéir. La tentation augmentera et l'exercice sera intéressant. Vous devez répéter l'ordre « non » au bout d'une minute. Puis vous augmenterez le temps.

Pendant vos promenades, vous devez régulièrement en fonction de l'attitude du chien vérifier la compréhension de l'ordre « non ».

Lors de son éducation, l'ordre « non » indique au chien l'interdiction. Il y a des interdictions directes et des interdictions qui doivent être intégrées par le chien même sans votre présence, notamment le refus d'appât, et ne pas se jeter sur le grillage quand il y a un passant, c'est très aisé à apprendre à un berger belge. Sur le chemin de la promenade, vous placez avant la balade de la nourriture sous une pierre ou un morceau de bois de façon à ce qu'elle soit à portée de l'animal, le chien découvrira la nourriture cachée. À cet instant vous utiliserez l'ordre « non ». Au plus vous entraînerez le chien au mieux il réagira au signal de l'ordre « non ». Soyez néanmoins attentifs : de ne pas utiliser le signal s'il est déjà trop tard et que le chien a touché à la nourriture, dans ce cas réprimandé par la voix de façon ferme et nette « non », mettez-le en laisse et ne parlez plus au chien pendant dix minutes.

L'ordre donne :

Apprendre à un chien à donner un objet sur votre ordre s'avérera utile et indispensable en cas d'urgence. Des exercices basés sur l'échange constituent le fondement de cet exercice, évitant ainsi tout esprit d'obligations. Pour le réaliser, vous avez besoin d'haltères en bois, d'une part parce que c'est l'objet utilisé en sport canin d'autre part par ce que le chien ne peut pas avaler ce type d'objets. Au départ de l'apprentissage vous avez utilisé une balle ajourée dans laquelle vous avez glissé une friandise.

Le rappel :

Un chien sur ordre qui fait demi-tour sans hésitation alors qu'il est fortement distrait par l'environnement et qui revient rapidement vers son maître a un excellent rappel. C'est seulement dans ces conditions que vous pourrez lâcher votre chien. Le principe fondamental du rappel est de ne rappeler le chien que si vous êtes sûr qu'il viendra. Pour obtenir ce résultat avec votre chien, il faut commencer par apprendre l'ordre « au pied » et le chien à moins de 2 m de vous vous donnez l'ordre « au pied ». Le rappel ne doit laisser aucune place à une prise de décision du chien, il doit induire uniquement une réaction immédiate. Il ne faut pas vous attarder sur le fait de savoir si votre chien va obéir. Vous devez répéter chaque jour, et savoir que ce n'est jamais acquis. Lors des ballades, vous devez tester votre chien. C'est négatif vous mettez le chien laisse. Un chien respectera vite le code : la liberté est en échange du rappel immédiat.

Le secret du rappel est d'être de travailler quotidiennement et d'avoir trois signaux à sa disposition (par exemple un coup de sifflet, et la main à la verticale en plus de l'ordre au pied). Votre chien devra savoir clairement ce que signifie l'ordre « au pied ».

L'ordre stop :

L'ordre « Stop », et l'ordre « au pied » doivent être travaillés séparément. L'ordre au pied concerne le rappel. L'ordre stop est une demande d'arrêt immédiat en cas d'urgence avec l'arrêt du chien à l'endroit où il se trouve. L'ordre « stop » doit être travaillé après la maîtrise de l'ordre « au pied ». Lors d'une promenade, vous changez de direction et vous observez votre chien du coin de l'œil et vous donnez l'ordre « stop ».

Le rappel et le stop doivent être travaillés à chaque sortie et plusieurs fois lors de la sortie, mais à tour de rôle. Il ne faut pas enchaîner les ordres mais au contraire les intégrés au quotidien du chien. Au fur et à mesure vous vous apercevrez que le chien revient comme un éclair, il est entré dans le jeu, à ce moment-là il faudra fortement le récompenser, car vous avez gagné et le lien de confiance est total.

Le risque zéro n'existe pas, il y aura toujours quelques désobéissances, même pour un chien comme le vôtre qui est au TOP. Lorsque des chiens se rencontrent, le meilleur moyen de désamorcer une situation tendue consiste à poursuivre sa route rapidement et de manière décontractée. Si vous restez sur place, vous favorisez le début d'une dispute toujours possible. Si les chiens en arrivent à cette extrémité, les deux propriétaires doivent s'éloigner l'un de l'autre dans des directions opposées ; il s'agit de la méthode la plus facile pour mettre un terme à l'agressivité. Cette option n'est possible que lorsque les deux propriétaires sont conscients de l'obéissance de leurs animaux.

Une règle absolue et qu'un chien qui en provoque un autre est immédiatement stoppé par son maître qui s'excuse d'un ton amical et courtois.

14 - L'ÉDUCATION A LA GARDE

La plupart d'entre nous souhaitons que notre chien soit un bon gardien. Bien entendu la race est importante, mais l'entraînement et l'apprentissage sont essentiels.

Le chien de garde a acquis des réflexes. S'il est seul il agira selon sa conscience et son conditionnement, et un inconnu sera obligatoirement un malveillant, et le chien agira car il a été éduqué pour cela. Alors soyez vigilant. Je peux vous assurer que même averti, je veille, car j'ai vu des chiens en action et ce n'est pas impressionnant mais diabolique, et vous devrez travailler pour maîtriser votre chien aux ordres.

Dehors un chien de garde doit pouvoir vous alerter. Après l'alerte il attendra votre décision, si vous n'êtes pas là, il interviendra de lui-même, en fonction des circonstances il se référera à son instruction.

Un panneau qui prévient qu'un chien monte la garde ne dispense pas d'être prudent, mais est obligatoire. Vous devez en avoir un panneau par issue.

Personnellement mes chiens sont dedans si je sors et dehors si je suis présent. Quand ils sont dehors ils préviennent et ils m'attendent.

La prévention est la base de la garde, le chien doit toujours prévenir et n'intervenir qu'en cas de danger avéré.

Il y a trois degrés d'alerte : l'aboiement, le grognement, et l'attaque (ou défense). Le danger écarté votre chien doit revenir immédiatement en position de vigilance.

En général la position de grognement dissuade l'éventuel agresseur. Si malgré tout l'agresseur poursuit, le chien aura un mordant très fort, et ne relâchera que sur ordre, cette action se nomme l'immobilisation.

Le mordant a des règles précises. Le chien est entraîné à mordre et surtout à tenir son mordant. Il a été entraîné pour cela. C'est pour cette raison, qu'il ne devra jamais répondre à une simple provocation.

Un chien parfaitement éduqué saura doser sa réponse à un danger : il préviendra, analysera la nature de l'agression et interviendra juste de raison.

Vous devez entraîner le chien à attaquer sur ordre, mais aussi à avoir son propre jugement, et il faudra lui faire confiance, car il aura appris.

Pendant toute la phase d'éducation vous devez surveiller le chien, car c'est un apprenti.

Vous ne devez pas commencer la phase de travail au mordant avant l'obtention du Test d'Aptitudes au Travail.

Si le rappel n'est pas intégralement maîtrisé, ou si le stop n'est pas parfaitement acquis, ne commencez pas la phase d'éducation à la garde.

Vous devez enseigner au plus tôt la phase de refus d'appât à votre chien. Un chien mange un repas équilibré à heure fixe, en toute tranquillité pendant vingt minutes. Il n'accepte rien d'autre, sauf vos friandises en éducation. Évidemment il a de l'eau propre en permanence.

Vous devez passer à l'enseignement de la phase reconnaissance des aliments dès l'âge de six mois. Le chien ne prend que ce qu'il reconnaît, et seulement la nourriture présentée par son maître. Ainsi vous diminuerez le risque de voir votre chien toucher à des aliments empoisonnés.

Le chien doit être sociable, c'est primordial, essentiel, c'est la base de tout. Nous allons tordre le cou à une idée reçue. Si vous interdisez à vos proches, à vos amis, à des tiers de caresser le chien, vous faites une grosse connerie, le chien de garde ne fonctionne pas ainsi. C'est exactement l'inverse. Il analyse le danger, donc s'il n'y en a pas, il est un gentil toutou qui se laisse caresser, communique, et interagit avec les autres.

Vous devez habituer le chien par contre à ne pas manger ce qui lui est offert par une autre main que la vôtre. Si vous devez un jour confier le chien, il faudra l'habituer à la personne qui le nourrira et ce quelques jours avants. N'oubliez pas que ce sera sa gamelle et sa nourriture habituelle. J'ai personnellement deux amis de confiance, qui sont habitués à garder mes chiens.

Je vous invite aussi à ne jamais attacher votre chien de garde chez vous, surtout lorsque vous êtes avec des amis, même si vous faites une fiesta. L'attache est une position de soumission et d'excitation, votre chien va mal la vivre. Il faut préférer habituer votre chien à respecter des codes dans toutes les situations. Mes chiens ont été habitués à prendre leurs distances, et se mettront naturellement en recul du bruit, et des sollicitations. Ils n'approcheront pas et resteront calmes et vigilants.

Vous devez veiller à ce que le collier du chien de garde ne soit pas un danger pour le chien, car il peut s'accrocher et pendre le chien ou servir à un intrus à attraper le chien en général avec une gaffe à crocheter. Je laisse mes chiens sans collier quand ils sont chez moi.

Vous devez habituer votre chien bien avant l'éducation à la garde à tous les bruits et il ne devra pas avoir peur. Pour y arriver il faut utiliser l'immersion progressive. Coup de feu, cri, feux d'artifice, avion qui passe le mur du son, tambours, trompette mes chiens restent sereins. J'appelle cela la méthode du calme olympien.

Nous allons tordre le cou à une autre idée reçue : si le chien voit quelqu'un chez moi comme ami et si cette personne vient à l'improviste, le chien n'interviendra pas ? C'est absolument faux. Le chien a appris à mesurer le danger. Il n'y a que vous qu'il ne testera plus après son adolescence. Votre ami ou pas, le chien entamera les phases de précautions : l'aboiement, le grognement, puis la position d'attaque.

Puisque nous y sommes, nous allons tordre le cou à une énième idée reçu, qui consiste à tester un chien in situ par un quidam. Êtes-vous fous ? En voulez-vous à quelqu'un à ce point pour le mettre en danger ? Seul un éducateur au mordant dûment habilité peut tester un chien ! L'éducateur avec qui vous travaillez doit vous le proposer. Les vêtements de travail au mordant en France ne sont vendus qu'à des personnes licenciées au mordant. Je comprends la réaction de lecteurs qui aimeraient entraîner leur chien au mordant, c'est trop dangereux je vous l'assure. Un chien ne doit jamais mordre son maître, jamais.

Voici les codes à respecter :

Le chien intervient, vous êtes là : vous donnez l'ordre « stop » et le chien se mettra en position de vigilance. Ensuite vous exigez de l'agresseur de s'allonger au sol, puis vous prévenez les autorités.

Le chien intervient, vous n'êtes pas là : alors vous avez pris la précaution d'avoir un voisin vigilant qui va prévenir les autorités et vous prévenir ? Votre voisin ne doit surtout pas s'approcher du chien. Il prévient par téléphone.

Dans tous les cas je vous conseille, d'avoir les papiers du chien, son carnet de vaccination, son Lof s'il en a un, et votre licence CBU si vous êtes en club, ce sera plus simple.

Prenez tout de suite les témoignages des gens qui connaissent votre chien et peuvent témoigner qu'il est bien éduqué.

Un chien de garde éduqué vous fera prendre moins de risque qu'un chien non éduqué qui sera surpris chez lui. Ce dernier aura une poussée d'agressivité. Ce sera bien pire que l'intervention d'un chien équilibré, qui est éduqué à intervenir et qui est psychologiquement sûr de lui.

Nous terminerons avec le risque de bavure, de la grosse bêtise, du coup de sirocco pour une femelle en chasse. Le chien n'est pas un robot, mais un être sensible. Il n'est pas possible de tout prévoir, d'avoir tout anticipé. Et si le chien fait une grosse boulette, alors il faudra que vous assumiez.

Un chien éduqué, avec une évaluation parfaite de son comportement par son éducateur, est un chien qui saura évaluer une situation. Un chien, pas éduqué, ou pire éduqué avec violence, sera un danger.

Il était indispensable de parler des préliminaires avant d'aborder l'éducation à la garde et à la défense.

Votre chien doit d'abord être sociable, être psychologiquement stable, et avoir une éducation de base parfaite avant d'envisager d'en faire un chien de garde.

Il maîtrise les positions de fixation : assis, couché, debout et pas bouger. Il marche en laisse sans tirer, et fait les quarts de tour et demi-tour sur ordre. Il marche sans laisse en enchaînant les positons fixation et l'ordre pas bouger. Il maîtrise les positions de fixation associez à l'ordre pas bouger. Le stop et le rappel sont immédiats sur votre ordre. Votre chien a réussi son CSAU et son TAN. C'est une garantie sérieuse d'équilibre psychologique du chien. Vous travaillerez avec un maître-chien professionnel pour le mordant, c'est pour votre sécurité ou celle de l'ami ou des amis que vous envisagiez comme cobayes. Apprendre à son chien à monter la garde ou à défendre signifie avant tout d'apprendre au chien à faire la différence entre une situation à risque ou une situation normale, mais pour cela il va falloir vivre les situations et que le chien acquiert des procédures qui deviendront des routines.

La patience est de rigueur. Votre chien ne naît pas chien de garde et de défense, il en a juste le potentiel mais pas les conditionnements.

Je vois des personnes qui apprennent directement à mordre à leur chien. C'est dangereux. Le chien doit d'abord apprendre à surveiller et à alerter.

Pour apprendre à donner l'alerte, votre chien doit d'abord bien connaître les situations où il n'y a pas lieu de donner l'alerte.

Commençons par l'éducation de base chez vous :

Vous êtes seuls à savoir qui laisser entrer chez vous.

Lorsque quelqu'un sonne donnez l'ordre « non du chien à ta place ». Le chien s'exécute, n'oubliez pas la récompense et la caresse. Vous répéterez autant que nécessaire.

Maintenant vous autorisez la personne à entrer. Faite signe à votre chien de s'approcher de la porte et vérifier qu'il reste neutre, ni bon ni mauvais. Donnez l'ordre « c'est bon », le chien repart à son panier. N'oubliez pas la récompense et la caresse. Vous répéterez autant que nécessaire. Cette phase est très importante, le chien doit venir et repartir. C'est une routine. S'il n'y a pas l'ordre « c'est bon », le chien doit rester en position de vigilance près de vous.

Maintenant dans le jardin ou dans la cour : une personne approche du grillage, de lui-même le chien alerte, puis vous sortez et vous donnez l'ordre « laisse ». N'oubliez pas la récompense et la caresse. Le chien ne doit pas se jeter sur grillage sinon ce sera l'ordre « non ». Dans la mesure où certains chiens sont très réactifs, vous pouvez allier les ordres « stop » et « au pied ». C'est uniquement si votre chien a du caractère et fixe l'intrus potentiel. Vous demandez au chien de reculer et de se tenir à un mètre du grillage. Vous répéterez autant que nécessaire. Cette procédure ne doit être apprise que si un individu s'arrête devant le grillage, cela évitera les aboiements sur les passants qui seront réprimés par l'ordre « non ».

Le chien ne va pas rester au coin car il y a quelqu'un chez vous. Vous devez le laisser vivre sa vie, surtout si la personne invitée reste un moment chez vous. Demandez juste aux gens que vous accueillez de ne pas s'occuper du chien. Si le chien vient près de des personnes invitées donnez l'ordre « tu laisses ». N'oubliez pas la récompense et la caresse. Vous répéterez autant que nécessaire.

Ces procédures ne concernent que les invités pas la famille. La famille doit être immergée avec le chien : ballade, jeu, travail du chien, et accompagnement du chien.

Tordons l'idée reçue à l'éducation du chien qui ne doit laisser sortir personne de chez vous. C'est inadmissible. Le chien de garde est éduqué à l'analyse de situation : donc sauf s'il y a un danger sinon il n'intervient jamais. Les dangers c'est vous qui les lui apprendrez.

Tordons le cou à une autre idée reçue celle qui prétend qu'il n'est pas forcément indispensable de dresser un chien à la garde pour qu'il comprenne qu'il doit garder la maison lorsqu'il est seul. Certes le chien aboiera, mais il sera en panique s'il doit intervenir. Et c'est très dangereux, car le chien ne sait pas mordre et donc ce sera de la charpie si le chien fait face.

Maintenant votre chien connaît les procédures et sait ce qu'il doit faire si des amis arrivent chez vous ou si un individu stoppe devant le grillage du jardin. C'est parfait.

Pour le grognement, le chien grognera et montrera en même temps les crocs. Cela s'acquiert au travail du mordant, en le félicitant dès qu'il va au contact et stoppant le contact avant la prise. Vous associerez l'ordre « grogne ». Une fois chez-vous il faudra travailler avec le chien. Demandez-lui « grogne » mais il faut qu'il y ait une raison. À vous de la trouver.

La position d'attaque et l'attaque sont apprises lors de l'éducation au « mordant » avec un éducateur licencié (désolé). L'important ne sera pas que le chien réagisse sur un homme caparaçonné, mais qu'il cesse immédiatement dès que l'ordre sera lancé. L'éducation à la garde est un ensemble complet d'associations de comportements, ce n'est certainement pas que du mordant.

En conclusion, un chien de garde n'est pas un chien qui aboie dès qu'il voit un passant, un vélo ou un autre animal passer devant chez vous. Ce n'est pas non plus un chien qui ne fait aucune différence entre le facteur, les amis, les voisins ou un rôdeur.

Lorsque l'on a un chien de garde, on doit toujours être en mesure de prévoir sa réaction face à une personne malveillante. Les chiens qui aboient face aux gens qui passent ne font que répondre à un instinct, sans avoir appris comment réagir. Un chien qui monte la garde est un chien qui a appris son travail. Un chien de garde a appris à faire la différence entre les personnes indésirables et celles qui sont invitées. Il veille, il surveille, il alerte. Ce n'est pas un chien agressif et il n'attaquera jamais sans en avoir reçu l'ordre de son maître ou d'être dans une situation qui lui impose d'agir.

15 - LA RÉCOMPENSE

Il est d'usage de récompenser un chien mais il ne faut pas vous transformer en donneur de croquettes. Ce n'est pas parce que l'on souhaite féliciter et récompenser son chien que cela signifie forcément que le chien aura une friandise à manger.

Votre objectif sera que la félicitation et la caresse, soient aussi des récompenses.

À l'intérieur, parfois le chien préférera sortir avec vous, plutôt qu'une félicitation, ou qu'une caresse.

À l'extérieur, le chien est actif et cherche plus à rester dehors un peu plus longtemps et à humer les odeurs, plutôt que d'être récompenser par une caresse.

À un stade pointu d'éducation en RCI, en Ring, en préparation au TATD, au Brevet d'Obéissance, le chien est souvent fier d'avoir réalisé l'exercice attendu, et il attendra d'être félicité, par « super, tu es un as, mon chien, bravo champion ».

Chez les chiens dressés à la méthode « Brute », c'est-à-dire autoritairement, des félicitations signifient qu'il n'y aura pas de punition. Pour le chien, c'est naturellement un mieux car il ne sera pas puni, sa crainte est levée. Seulement le chien agit sous contrainte et un jour ou l'autre cela « cassera ».

Les félicitations renforceront votre relation avec votre chien, elles seront cryptées comme une émotion positive. Votre chien recherchera la félicitation pour l'émotion positive qu'il en retire. Cependant, veiller à ce que l'animal ne devienne jamais fougueux et trop emballé par la félicitation, il faudra le tempérer par un « calme ». Il ne sera pas frustré pour autant, il profitera de la récompense, le recherchera comme émotion positive, mais ne s'excitera pas.

Le chien ne peut faire le rapprochement avec l'action souhaitée que si vous le récompensez environ une seconde après. Il faut utiliser avec subtilités la récompense pour toujours faire progresser le chien, trop souvent il régresse, plus du tout il est frustré.

Si le chien se met à sauter ou à vous bousculer, au moment de la récompense. Il ne faut ni parler, ni bouger au début, et attendre qu'il soit les quatre pattes au sol, puis dire « calme », et vous donnez la récompense.

Il ne faudra pas la donner de récompense si le chien manifeste trop de fougue, sinon vous renforcerez l'excitation du chien un peu plus après chaque exercice.

16 - L'ACTIVITÉ

L'activité générale du chien doit être aussi bien physique qu'intellectuelle. Votre chien a besoin d'activité qui sera plus ou moins importante en fonction en fonction de sa race. Tout est une question dosage. Attention avant dix-huit mois il faut y aller doucement et progressivement, dans les ballades, les sauts et le sport. Chaque année, des chiens se perdent. Alors pour la sécurité émotionnelle des propriétaires, et afin d'éviter que votre chien parte sans revenir, la longe, est de rigueur. Les propriétaires s'angoissent l'idée de lâcher leur chien. Ils ont tort, il suffit d'une bonne éducation et de bien choir le lieu qui doit être sans passage. Le chien reviendra plus facilement à chaque rappel récompensé et félicité ; il s'en ira de moins en moins loin, et il restera à une distance contrôlable. Votre chien doit être éduqué au rappel, même si vous ne le lâchez pas, car tout simplement c'est une sécurité, un chien peut fuguer un instant. Ces conseils ne sont pas réservés aux grands chiens. Malheureusement la plupart des maîtres n'éduquent pas leur petit chien. Un petit chien doit courir, et être parfois en liberté.
Activités avec le maître
La ballade :
À condition qu'elle soit un peu rapide, et que le chien bénéficie de moment d liberté sans laisse, ce qui exige une éducation, c'est la plus connue et la plus pratique.
Le jogging :

C'est la solution idéale pour tous les propriétaires chiens qui ne peuvent pas s'investir dans un sport canin. Le canicross est intéressant, mais il faut être attentif à ne pas épuiser le chien et avoir un sac à dos avec de l'eau saine et fraîche et surtout des « boosters » sous forme de croquettes. Il ne faut pas rouler à vélo en tenant votre chien en laisse, car si le chien tire, vous allez vous retrouver le nez sur le bitume. Il faut utiliser un équipement permettant de fixer la laisse du chien à l'arrière du vélo. Dans tous les cas vous devez veiller à votre allure, et toutes les trente minutes il faut faire une pause pour permettre au chien de se reposer et de s'hydrater. Le bitume des routes n'est pas l'idéal pour les chiens, d'une part les coussinets s'abîment et d'autre part les à-coups ne sont pas amortis. Il ne faudra pas oublier de prévoir une trousse de secours dans votre sac à dos.

Le dogskaters :

Un chien apprendra vite à maîtriser la technique de la planche à roulettes. Il n'est pas facile d'apprendre à un chien à dompter une planche à roulettes (skateboard). Il suffit de commencer le travail d'apprentissage sous forme de jeu, de commencer sur de petites périodes, et de féliciter le chien dès qu'il commence à vouloir se prendre au jeu.

Activités en club

Les courses de relais

Dans la course de relais, les chiens doivent courir une distance fixe jusqu'à un poteau, tourner autour du poteau et revenir au point de départ. La course de relais s'organise en clubs de sport et il y a même des compétitions.

Le flyball :

C'est une course de relais mettant en compétition deux équipes de 4 chiens (ou plus) sur des parcours parallèles. Les chiens doivent courir et sauter 4 haies séparées de

3 mètres, atteindre une boîte, pousser sur un levier, déclencher l'éjection d'une balle à 60 cm de hauteur, la capturer et la ramener au point de départ, sans la lâcher, en passant à nouveau au-dessus des haies. Inventé en Californie dans les années 1970, le flyball a pris un essor considérable aux États-Unis dans les années 1980. Les haies sont adaptées à la taille du plus petit chien du groupe.

Les sauts :

Le saut fait partie des parcours d'agility, mais existe aussi comme discipline à part entière. Pour les propriétaires de grands chiens sujets aux pathologies osseuses et articulaires, comme la dysplasie de la hanche, il faut savoir que sauter permet de muscler les fessiers, ce qui entraîne une meilleure coaptation de la hanche et réduit donc le développement de l'arthrose. Sauter est bénéfique pour les hanches, mais plus traumatique pour les membres antérieurs il faut donc éviter le saut pour les chiens qui souffrent de dysplasie du coude et d'ostéochondrite dessiccante des épaules.

Le hoola-hop (ou hula-hoop) :

Il s'agit d'un cerceau tenu à différentes hauteurs croissantes. Le chien saute sur ordre, vous commencer le cerceau presque au raz du sil puis vous augmenter la hauteur. C'est spectaculaire, dès que vous mettez le cerceau au-dessus de votre tête.

Le saut à la corde :

Vous apprenez d'abord au chien à sauter à la corde. C'est très facile pour le chien. Vous commencez corde au sol, puis vous faites sauter le chien corde à quelques centimètres du sol, et vous augmentez la hauteur, ensuite vous vous mettez à côté du chien et vous sautez à la corde tous les deux.

Le dock jumping :

Il s'agit d'un concours de saut en longueur. Le chien saute d'une plateforme dans l'eau. La distance sautée est mesurée depuis la fin de la plateforme jusqu'à la base de la queue du chien au moment où il tombe dans l'eau. Le record du monde actuel est de 8,80 mètres.

Les courses aux leurres ou doxotraining :

Les chiens galopent à la poursuite d'un leurre (lièvre ou lapin artificiel) sur un circuit approprié (cynodrome) qui est en zigzag.

La nage :

Tous les chiens peuvent nager. Et nager est une activité fatigante qui aide à la coordination de tous les muscles du chien.

Le ring :

C'est la discipline la plus pratiquée, en France plus de 700 clubs permettent aux maîtres et leurs chiens de s'entraîner régulièrement. Ce sport canin très spectaculaire est sans nul doute le plus technique et le plus perfectionniste. Le chien de ring doit être physique, rapide, volontaire et courageux mais aussi équilibré et capable de se dominer. Il doit être disponible au travail et réceptif au maître. Étroitement lié, à l'origine, au travail des chiens de police, le ring comporte deux parties et se compose de trois types d'exercices : obéissance, sauts et mordant.

Le pistage :

C'est une activité qui consiste à suivre une piste ou des objets sont disposés le long de la piste, le chien doit indiquer ou rapporter l'objet à son maître dès qu'il le découvre.

L'obéissance :

Cette activité consiste à effectuer un programme comportant des exercices de marche au pied, d'écoute du chien sûr de position de fixation, de saut de haie avec rapport d'objet.

La discipline campagne :

C'est une discipline complète regroupant des exercices de sauts, d'obéissance, de pistage, de défense et de travail à l'eau.

L'Agility :

C'est une discipline sportive qui consiste à faire évoluer son chien sans laisse ni collier sur un parcours composé de multiples obstacles divers en respectant un ordre de passage défini, et ce en un temps déterminé. Haie, slalom, mur, tunnel sont disposés de manière à former un parcours modulable selon le degré de difficulté.

Ring et monitoring :

Le chien réalise en terrain clos des exercices d'obéissance (suite en laisse et en liberté, positions diverses, rapport d'objet, refus d'appât), des exercices de saut (palissade, haie, fossé) et des exercices de morsure (garde d'objet avec et sans muselière, attaque lancée et interrompue, défense du maître).

Le RCI :

Directement issu du Schutzhund qui a été créé spécialement pour le berger allemand, le RCI est le seul programme de travail pour chiens d'utilité ouvert à toutes les races qui est reconnu par la FCI. Ce concours international comporte des exercices de pistage, d'obéissance et de défense et est divisé en 3 catégories, RCI 1 RCI 2 RCI 3.

17 - L'ALIMENTATION

Privilégié la qualité de nourriture c'est profiter d'un chien en bonne santé. Vous devez nourrir votre chiot 2 fois par jour. Si le repas n'est pas consommé au bout de vingt minutes, il faudra retirer la gamelle. La ration du chien doit être distribuée aux mêmes heures et au même endroit en le faisant manger seul dans un lieu isolé et calme de la maison, et toujours après ses maîtres.

L'eau est très importante, elle doit toujours être disponible. En cas de consommation excessive il faut consulter son vétérinaire.

Il faut aussi refuser le grignotage entre les repas. Il faut interdire le museau du chien à hauteur de votre assiette. Il ne faut jamais tolérer le vol de nourriture et il faudra sanctionner le chien sur le fait en lui parlant sur un ton ferme « NON ».

Les chiens manifestent des problèmes récurrents d'embonpoint s'ils ne font pas assez d'exercice. Il est essentiel d'adapter son régime alimentaire aux habitudes de vie de votre chien. La facilité pour nourrir un chien est l'aliment industriel sec. L'alimentation industrielle met à la disposition des possesseurs de chiens des spécialités adaptées au poids, à la taille et à l'âge du chien. Elle propose également des aliments correspondant au niveau d'activité physique de chaque chien et à son état de santé.

Mais de plus en plus, les scientifiques contestent cette méthode d'alimentation.

Il existe principalement trois types d'alimentations pour notre chien, l'alimentation industrielle sèche ou humide et l'alimentation, l'alimentation BARF et l'alimentation"maison". Sachez toutefois qu'il n'est pas recommandé de changer brutalement la nourriture d'un chien. Il est convenu de l'habituer sous une période de 8 jours en mélangeant les deux types d'aliments.

Alimentation industrielle

On appelle alimentation industrielle sèche, l'alimentation à base de croquettes. La croquette est une boulette qui est un mélange de pâte, de riz, de viande, de poisson, et de légumes. C'est un aliment déshydraté qui demande une consommation d'eau importante. Il existe des croquettes pour tous les types de chiens selon leur morphologie. Au dos du paquet vous trouverez la ration à donner quotidiennement à votre chien. D'après les industriels, les besoins quotidiens nécessaires à un chien adulte en activité sont totalement apportés par les croquettes. Elles garantiraient une alimentation saine et équilibrée au chien. Les croquettes seraient également un moyen important de lutter contre le dépôt de tartre grâce à leur effet abrasif. Les croquettes sont généralement recommandées par les vétérinaires. On appelle alimentation industrielle humide, la nourriture fournie dans les "boîtes" achetées dans les grandes surfaces. Les besoins quotidiens nécessaires à un chien adulte en activité sont totalement apportés par ce type d'alimentation. La garniture des boîtes est réalisée par des spécialistes de la nutrition canine qui garantissent grâce à leur produit une alimentation saine et équilibrée pour le chien. La nourriture industrielle en boîte doit être maintenue au froid. Le risque d'intoxication alimentaire est important. Le prix de revient des boîtes est deux fois plus élevé que les croquettes

Alimentation BARF

On appelle alimentation BARF qui signifie en anglais "Biologically Appropriate Raw Food" une alimentation à base de viande crue. Le régime alimentaire BARF est une approche naturelle de l'alimentation du chien. Dans cette optique, le choix des aliments s'appuie sur le respect de la physiologie propre à l'animal. Le chien étant un carnivore, il convient de lui proposer une alimentation de carnivore, à base majoritairement de viande, d'os crus et d'abats. Ce type d'alimentation s'appuie notamment sur l'idée que les choix alimentaires des animaux sauvages sont guidés par leurs besoins biologiques.

Alimentation maison

On appelle alimentation "maison", l'alimentation réalisée par vos soins. Il est indispensable de fournir au chien des aliments frais et de qualité. En dépit de l'amour des maîtres porté à leur bête, bien fréquemment la nourriture préparée est carencée en minéraux et vitamines. À l'inverse des croquettes et des boîtes, la quantité fournie est un réel problème car souvent le propriétaire verse une quantité approximative changeante d'un jour à l'autre ce qui est source d'obésité. Les animaux comme les hommes ont besoin d'une alimentation équilibrée et saine afin d'être en bonne santé. Contrairement à ce qu'il est fréquemment pensé, ce type d'alimentation est plus coûteux que l'alimentation industrielle et nécessite une attention particulière. Vous devez savoir que l'os cru de volaille est sans danger, ce qui n'est pas le cas d'autres types d'os,

En conclusion, les excès et les carences sont tout aussi dommageables pour la santé du chien, aussi convient-il de bien connaître qualitativement et quantitativement ce que sont ses besoins. Il faut construire et entretenir, l'édification et le renouvellement des cellules de l'organisme (ossature, muscles, système nerveux, pelage...) ce qui nécessite un apport quotidien en protéines, minéraux, oligo-éléments et vitamines et il faut fournir de l'énergie, donc des lipides De par sa formation, le vétérinaire est aussi spécialiste en matière d'alimentation canine. Manque d'appétit ou boulimie durables, amaigrissement ou alourdissement anormaux, diarrhées ou constipations persistantes, troubles physiques ou comportementaux préoccupants, et pour toutes les variations notables de la soif ou de l'appétit qui peuvent être des signes précurseurs d'une maladie générale méritant un examen approfondi, votre vétérinaire vous conseillera sur le régime alimentaire approprié et sur le traitement à administrer à votre chien.

18 - L'HYGIÈNE DU CHIEN

Pour garder un poil brillant, un brossage régulier est nécessaire, sauf pour les chiens qui ont double fourrure, comme les chiens nordiques dits de traîneaux.

En général le chien subit une mue deux fois par an, au printemps et en automne. Le changement de luminosité à ces périodes serait le facteur déterminant des mues.

Les chiens vivant en intérieur perdent leurs poils toute l'année avec des périodes plus fortes au printemps et en automne.

Un chien à forte densité de poils, doit être brossé chaque jour pendant la période de mue.

Les oreilles : vérifiez régulièrement la propreté des oreilles de votre chien. En cas de besoin il faut les nettoyer avec une lotion adaptée (vous les trouverez chez votre vétérinaire, en pharmacie ou en animalerie) en utilisant une "lingette" ou du coton. N'utilisez jamais de coton-tige, vous pourriez blesser votre chien en cas de mouvement brusque de sa part et de toute façon vous ne feriez que tasser les saletés dans le fond du conduit.

Les yeux : nettoyez-les régulièrement avec une lotion spéciale. Tout écoulement anormal doit être immédiatement signalé à votre vétérinaire.

Les dents : surveillez attentivement l'état d'entartrage des dents. Le tartre est responsable de problèmes graves tels que le déchaussement précoce, la mauvaise haleine, les abcès dentaires...

Pendant la croissance de votre chien vérifiez régulièrement sa dentition : ses dents de lait vont tomber lorsqu'il aura environ 4 mois. Cela peut passer de façon inaperçue car il va en avaler une grosse partie. En cas de doute sur le changement de dents de votre chiot, demandez conseil à votre vétérinaire.

Les griffes : en principe elles doivent s'user régulièrement avec la marche sur sol dur.

Bain : vous pouvez baigner votre chiot 8 jours après le premier rappel de vaccins. Utilisez toujours un shampooing spécial chien (animalerie et pharmacie) et prenez soin de bien le sécher après (attention au sèche-cheveux qui peut lui brûler la peau si vous le mettez trop près). Idéalement, l'eau du bain doit être tiède. N'abusez pas des bains. Des lavages trop fréquents peuvent être nocifs. En effet, le bain élimine la couche de sébum sur la peau du chien et c'est cette substance huileuse qui le protège contre la pluie et le froid. La fréquence de lavage peut varier entre les chiens vivants dehors à la campagne (tous les 2 mois) et ceux en appartement (tous les 6 mois).

Il est important de commencer très jeune à habituer votre chiot à tous ces soins.

19 - SOIGNER SON CHIEN

Pour prendre soin de votre chien, il faut vous équiper avec des ciseaux, une pince à épiler, une seringue anti-venin, un coupe griffe, une attelle et une canne télescopique. Vous n'êtes pas vétérinaires mais il est utile de prévoir quelques médicaments chez soi et en déplacement pour assurer les soins et les gestes de première urgence.

Il faut, des compresses, du désinfectant, du sparadrap, des bandes, du savon de Marseille, un sérum physiologique pour les yeux, une crème antibiotique pour les plaies, de l'éther pour les tiques, un pansement intestinal pour les diarrhées. En cas de départ dans des lieux isolés, vous devez rajouter, une boîte d'antibiotiques pour éviter les allergies, un anti-vomitif, une protection contre les puces, un vermifuge, une crème contre la maladie de la gale pour les oreilles et une crème anti-aoûtats.

Pour les problèmes de peau il y a les antiseptiques représentés par l'alcool, la Bétadine, l'alcool iodé, le bleu de méthylène, l'eau oxygénée, l'éther ou la solution de Dakin. Ces produits sont souvent irritants en solution pure. La dilution dépend du produit et de son utilisation ponctuelle. Le savon de Marseille est l'antiseptique le plus simple qui, utilisé correctement, est très efficace pour la désinfection des plaies diverses.

Une plaie infectée doit être savonnée, rincée à grande eau. On applique ensuite des antiseptiques, de l'alcool ou de la teinture d'iode. L'eau oxygénée est très utile pour rendre une plaie propre. Elle permet, en effet, d'ôter toutes les traces de sang. Les sprays antibiotiques s'utilisent pour éviter les infections locales.

Pour tous les autres problèmes de peau, il vous faudra un produit contre la gale à base de Lindane, un produit antimycosique pour la teigne en spray ou en comprimés, une lotion anti-inflammatoire contre les allergies et eczémas divers.

Pour les troubles digestifs sachez que la diarrhée est fréquente chez les chiens. Il est indispensable que votre pharmacie comporte un pansement gastrique sous forme de poudre ou de gel, un antispasmodique pour lutter contre les mouvements de l'intestin, un antibiotique agissant sur les germes digestifs et pour la constipation de l'huile de paraffine.

Pour les infections les antibiotiques sont obligatoires pour pallier le risque d'infection. Une ordonnance doit toujours les accompagner. Il est utile de présenter votre chien à votre vétérinaire en lui expliquant que vous vous déplacez dans un endroit isolé.

S'il est élevé correctement, un chien est rustique et très robuste. Néanmoins vous devez être prudent sur le risque de retournement de l'estomac, qui se produit principalement si le chien se met à l'effort après avoir mangé. Il est donc indispensable qu'il ait le temps de digérer. Il vous faudra aussi contrôler quotidiennement la présence de tiques qui peuvent lui donner une maladie mortelle qui est la Piroplasmose.

Enfin n'oubliez pas que même si votre chiot a été vermifugé avant de quitter l'élevage. Il est recommandé de recommencer vers 4 mois, puis tous les mois jusqu'à 6 mois. Par la suite, et jusqu'à la fin de sa

vie vous devrez le vermifuger tous les 6 mois.

20 - LE MALAISE

Votre chien est abattu, il manque d'entrain, il n'est pas joyeux de partir balade, sa gamelle ne le motive plus, ses jouets le laissent insensible, un seul de ses signes est un signe de malaise manifeste. Il faudra envisager de vous rendre chez un vétérinaire si votre chien, ne se lève plus, ou cherche à s'isoler, ou s'agite anormalement, ou halète fortement, ou geint, ou boîte, ou titube, ou s'essouffle vite, ou boit sans arrêt, ou vomit, ou crache. Il y a lieu de faire preuve de calme et discernement pour décider de répondre promptement s'il y a urgence. Les maîtres se sentent souvent démunis face à la maladie de leur compagnon. Les vétérinaires conseillent d'avoir le réflexe de prendre la température de notre chien, les normales se situant autour de 38°5. En dessous de 37°5 ou au-dessus de 39°5, mieux vaut s'inquiéter et vous rendre chez un vétérinaire.

En été, vous devez être très vigilant, au coup de chaleur. La respiration devient rapide, les halètements sont sonores et la démarche est chancelante. Un chien dont les urines deviennent foncées, peut faire penser à une piroplasmose transmise par une tique infectée. Un chien de grande taille, prostré, faisant de vains efforts pour vomir, peut faire un retournement d'estomac qui survient souvent après l'absorption d'une grande quantité d'aliment ou d'eau, suivie d'effort physique intense. Un chien qui boîte nécessite un contrôle des coussinets d'abord puis des membres ensuite pour vérifier s'il n'y a pas une entorse ou une fracture.

Enfin, le chien vit étroitement avec son maître, et il ressent les tracas de son maître, et ses contrariétés et développe des maladies somatiques.

21 - LA SEXUALITÉ

La maturité sexuelle du chien se produit autour du septième mois chez le mâle, et entre sept et dix mois chez la femelle. Par contre, le chien peut manifester des désirs sexuels dès l'âge de sept semaines, sous forme de jeux où l'accouplement est simulé. La femelle connaît des périodes de chaleurs ou œstraux, en général, tous les six mois. Il arrive que cet intervalle varie entre 4 et 8 mois. Ces périodes se produisent au printemps et à l'automne ; elles correspondent à l'ovulation et dure de 15 à 20 jours. La fécondation peut se produire entre le septième et le quatorzième jour. L'urine contient alors des phérormones qui attirent les mâles. La chienne a des segments généralement appelés menstruations, bien que le terme exact soit diapédèse. Il s'agit de globules rouges qui traversent la paroi. Si un mâle montre de l'intérêt, la chienne fera savoir son contentement en plaçant sa queue de côté, pour présenter son vagin.

Lors de copulation, un bulbe sur le pénis du chien se gorgera de sang. Le chien ne pourra se séparer de la femelle tant qu'il ne se désengorgera pas, cela peut prendre de 15 à 20 minutes. Attention, il est très important de ne pas tenter de séparation sous aucun prétexte cela risquerait de déchirer le vagin de la femelle.

Si vous voulez faire s'accoupler deux chiens, il est préférable d'emmener la femelle chez le mâle car ce dernier peut refuser de copuler en territoire inconnu ou s'il a peur. Il est à noter que le mâle est le seul à posséder un os dans le pénis, appeler os pénien. Il arrive qu'il y ait des cas d'homosexualité chez le mâle. Ce comportement est dû à une frustration sexuelle. Cette frustration peut provoquer de l'agressivité et des fugues. Chez la femelle, les fugues sont un peu plus rares, mais elle peut devenir surexcitée.

Il faut ouvrir un élevage, si vous comptez vendre vos chiots. Le choix des reproducteurs est essentiel. Ils doivent être LOF. Il faudra prendre contact avec le club de race pour déclarer la saillie, et vous devrez remplir certificat de saillie qui sera signé par les propriétaires des deux chiens ; ou vous attesterez que c'est un couple de chiens vous appartenant, le certificat sera envoyé sous 4 semaines à la Société centrale Canine pour que les chiots puissent avoir un pedigree qui est le certificat de naissance des chiots.

Une fois le mâle choisi, il convient de déterminer le moment propice de l'accouplement. Vous devez éviter de laisser un couple ensemble en permanence lors des chaleurs, sous peine d'épuiser le mâle. L'idéal est de les laisser ensemble entre le 11e et le 13e jour après le début des chaleurs. La saillie doit en effet se faire environ 48 heures après l'ovulation. Cette période correspond à la date moyenne idéale des chiennes. L'idéal est donc de faire suivre les chaleurs de votre chienne par un vétérinaire. Le suivi consiste à faire des frottis vaginaux et des dosages sanguins hormonaux (de progestérone), afin de connaître précisément le moment de l'ovulation. Il est toujours préférable de déplacer la femelle plutôt que le mâle pour la saillie, afin que ce dernier soit en pleine possession de ces moyens. L'accouplement se déroule selon un processus. Le chien renifle la vulve de la femelle puis la chevauche et la pénètre, et commence à faire des mouvements de va-etvient (10 à 20), puis, il passe une patte au-dessus du dos de la chienne et se retourne. Le couple est alors « collé » fesses contre fesses. Il est important de ne pas intervenir pendant cette phase sous peine de blesser les animaux. L'accouplement dure généralement une vingtaine de minutes.

Sachez que les vétérinaires sont habilités à pratiquer l'insémination artificielle. Elle permet de faire reproduire la chienne en utilisant de la semence congelée d'un mâle.

La Gestation a une durée de la chienne dure 63 jours après l'ovulation. Le diagnostic de gestation peut être fait précocement par une échographie dès le 25e jour environ. Il n'existe pas de dosages hormonaux chez la chienne (type test de grossesse chez la femme) car le profil hormonal est très variable d'une chienne à l'autre et est très proche que la chienne soit gestante ou non.

L'échographie peut être effectuée à partir de 50 jours de gestation. Les mamelles commencent à se développer dans la deuxième moitié de la gestation et le lait est présent une semaine avant la mise bas.

22 - LA CONTRACEPTION

De nombreuses personnes ont aujourd'hui encore du mal à prendre la décision de faire stériliser leur chienne. Pourtant, si vous ne désirez pas faire un élevage, c'est la meilleure solution pour éviter à votre animal de nombreux problèmes de santé. Il faut savoir que la contraception par piqûres ou par comprimés n'est pas la solution optimale, si vous ne souhaitez pas que votre chienne ait une portée. Elle va bien sûr supprimer les chaleurs mais n'aura aucun effet sur les autres problèmes hormonaux, dus à la présence des ovaires, et qui peuvent entraîner des maladies. Ainsi, la meilleure solution reste la stérilisation chirurgicale. La stérilisation chirurgicale a pour but l'ablation des ovaires, avec ou sans l'utérus. Cette opération est très commune et pratiquée par tous les vétérinaires. Certains vétérinaires conseillent de faire stériliser la chienne entre les premières et deuxièmes chaleurs. Vous pouvez également opter pour la ligature des trompes. Mais sachez que cette intervention ne supprime pas les chaleurs. Votre chienne ne pourra simplement pas avoir de petits. Ainsi, contraception médicale et ligature des trompes n'empêchent pas les ovaires de continuer à sécréter des hormones, ce qui peut être dangereux pour la santé de votre animal et entraîner des maladies de l'appareil reproductif ou autres. Sachez tout d'abord que, contrairement aux idées reçues, la stérilisation n'entraîne pas de retard sur la croissance de la chienne, par contre, il y a des risques pour qu'elle prenne du poids. Il est très important de surveiller son alimentation pendant les 3 mois qui suivent l'opération et de lui faire faire de l'exercice. Ceci lui évitera des problèmes cardiaques, articulaires et de diabète.

Néanmoins vous devez savoir qu'il existe une solution de stérilisation temporaire et réversible qui fait appel à des hormones de synthèse empêchant la survenue de l'ovulation mais aussi des chaleurs. Les molécules utilisées sont en général des dérivés de synthèse de la progestérone qui retarde l'apparition de l'oestrus pour interrompre les chaleurs. Les progestagènes exercent une action hormonale qui va aboutir au blocage de la maturation des follicules et de l'ovulation. L'emploi de progestatifs exige un examen médical préliminaire par un vétérinaire pour détecter une pathologie qui constituerait une contre-indication à l'utilisation de ces molécules. Il conviendra d'être prudent quant à l'utilisation des progestatifs chez les lévriers.

La contraception du chien

S'il n'est jamais en présence d'une femelle en chaleur, un chien n'éprouvera pas le besoin de se reproduire. Ainsi, la castration, contrairement aux idées reçues, ne vient pas perturber l'équilibre général d'un chien. La situation est au contraire plus compliquée s'il est stimulé par la présence de femelles, mais qu'il n'y a pas de contact physique. Le chien sera alors surexcité et il faudra avoir recours à un traitement hormonal pour le calmer. Si vous ne voulez pas faire faire de saillie, l'idéal est de faire castrer votre chien vers l'âge de 6 ou 7 mois s'il est de petite taille et vers 10 ou 12 mois s'il est de grande taille, c'est-à-dire avant la puberté. La castration n'entraîne pas de retard sur la croissance du chien, au contraire, elle aurait tendance à la prolonger même après la puberté car l'ossification des cartilages de croissance est retardée par l'absence d'hormones sexuelles. Par contre, il y a des risques pour que votre chien prenne du poids. Il est très important de surveiller son alimentation pendant les 3 mois qui suivent l'opération et de lui faire faire de l'exercice. Ceci lui évitera des problèmes cardiaques, articulaires et de diabète.

Néanmoins, il existe la castration chimique avec implant de Desloreline sous le nom de Suprelorin. L'implant libère des hormones en continue qui castrent chimiquement le chien pendant environ 12 mois. La stérilité est effective dans les 4 à 6 semaines après l'implantation et les effets sont réversibles. L'implant s'injecte sous la peau sans anesthésie générale et ne gêne en aucun cas l'animal. Plusieurs implants peuvent être injectés à la suite.

Il faut lire, s'instruire, échanger sur ce sujet, car une contraception définitive est un choix important.

23 - LA VIEILLESSE

Graduellement moins beau, moins actif, moins présent, l'animal âgé est plus fragile qu'un jeune adulte et doit donc faire l'objet d'observations et d'attentions toutes particulières.

Vous devez l'observer se déplacer et il faudra le palper régulièrement, pour noter tout changement ainsi vous pourrez reconnaître et anticiper des déficiences liées au vieillissement.

L'allongement du temps de repos et de sommeil, est normal, et ne devra donc pas être une inquiétude.

Mais lentement l'animal peut venir à souffrir dans sa locomotion, s'essouffler, mal entendre ou mal voir.

Le cerveau, organe est concerné par le vieillissement. Son inévitable dégénérescence entraîne et accompagne progressivement des troubles de l'humeur et du comportement.

Les signes du 3e âge se voient donc sur le plan physique, psychologique et comportemental.

Un nouveau compagnon lui serait-il profitable ? Il vaut mieux s'abstenir d'amener « dans les pattes » d'un chien ou d'un chat senior, un chiot turbulent par nature, qui risque de le bousculer et l'épuiser avec sa vitalité débordante et ses mordillements.

Mais, et c'est mon expérience, si l'on introduit un jeune animal dans le groupe familial en début de phase senior quand le chien est encore bien actif, alors c'est bénéfique pour les deux.

Le jeunot va faire maints apprentissages par imitation avec son « vieux copain » mais les mauvaises habitudes et les bonnes habitudes seront transmises.

Stimulés, mes chiens seniors ont toujours retrouvé une seconde jeunesse, mais j'ai veillé au grain, en étant juste.

Votre chien ne passe plus son temps qu'à dormir et semble devenir comme plus « mécanique », à n'être plus intéressé que par sa gamelle et l'heure des sorties il faudra devenir encore plus indulgent pour l'accompagner jusqu'à sa fin. Maintenir son vieil animal en vie dans le confort jusqu'à sa mort, c'est formidable. C'est cela être un maître responsable.

Mes vieux chiens se sont tous mis à déambuler et à donner l'impression de se « perdre » dans leur environnement habituel, mais j'ai toujours laissé faire, et aider mes chiens à mieux vivre leur 3e âge. Des visites régulières chez le vétérinaire, s'imposent à « l'âge mûr » sachant qu'aucun traitement ne pourra jamais rajeunir un vieil animal, mais souvent lui assurer une qualité de vie plus optimale.

Veiller à lui ménager une place de repos plus moelleuse et plus au calme, car tout en gardant le contact avec la vie de famille, l'animal a besoin de plus longues périodes de sommeil. Sans le reléguer, il faut le protéger notamment de l'agitation.

La perte d'appétit ou au contraire la boulimie, l'incontinence nocturne, des constipations en alternance avec des diarrhées sont autant de points de repère de l'affaiblissement des fonctions vitales de l'organisme de l'animal. À ce stade, il fait échanger avec le vétérinaire.

Eh ! Oui, ils vieillissent ! ils ont alors besoin de nous. Soyons présents. Aidons-les. Alors je vais vous donner des trucs :

Par temps doux, un brossage précautionneux adapté une fois encore aux raideurs, douleurs, ou imperfections de la peau, est bénéfique. Il permet la surveillance de grosseurs, de présence de parasites nuisibles, etc. tout en maintenant le contact corporel et la tendre complicité avec un animal, que ses facultés sensorielles diminuées isolent un peu, toujours pour les raideurs douloureuses, alors attention à l'essayage des pattes sales.

Maintenez une activité modérée avec votre vieux chien, et pas de « retraite brutale » à celui qui sortait avec son maître sous prétexte qu'il n'est plus performant.

Veiller plus souvent au niveau d'eau de la gamelle d'un animal dont la soif est augmentée (sans chercher à réduire sa consommation, sous prétexte de mictions plus fréquentes).

Certains facteurs influent sur la longévité de nos chiens. Le code génétique bien sûr, mais spécialement tout le soin que l'on a pris d'eux dès leur jeune âge, pour leur assurer une bonne condition physique et psychique (l'une n'allant pas sans l'autre).

24 - LA LÉGISLATION

Les chiens susceptibles d'être dangereux sont répartis en 2 catégories.

La 1re catégorie regroupe les chiens d'attaque qui sont des chiens assimilables par leurs caractéristiques morphologiques aux chiens de race American Staffordshire terrier, sans LOF. Les chiens qui sont assimilables par leurs caractéristiques morphologiques aux chiens de race Mastiff, sans LOF. Les chiens qui sont assimilables par leurs caractéristiques morphologiques aux chiens de race Tosa sans LOF. Ces chiens peuvent être communément appelés Pitbulls, Boerbulls et Tosa. Il ne s'agit pas de chiens de race mais issus de croisements car il ne présente pas de LOF.

La 2e catégorie regroupe les chiens d'attaque qui sont assimilables par leurs caractéristiques morphologiques aux chiens de race American Staffordshire terrier avec LOF. Les chiens qui sont assimilables par leurs caractéristiques morphologiques aux chiens de race Tosa sans LOF. Les chiens assimilables par leurs caractéristiques morphologiques aux chiens de race Rottweiler, sans LOF.

Il est interdit d'acheter, de vendre, de donner, d'importer et/ou d'introduire en France, les chiens de 1ére catégorie. La personne ayant acquis un chien d'attaque, avant l'application de la réglementation de 2010, doit détenir un permis de détention. Pour chiens de 1ére catégorie ils seront stérilisés et le propriétaire devra présenter une attestation de stérilisation accompagnée de la carte CAD d'enregistrement du chien.

Pour les chiens de 1ére et de 2éme catégorie, ils sont interdits d'accès dans les transports en commun, les lieux publics et dans les locaux ouverts au public, en dehors de la voie publique, et ils ne doivent pas demeurer dans les parties communes des immeubles collectifs.

Les chiens de 1ére et de 2éme catégorie sont toujours muselés et tenus en laisse par une personne majeure sur la voie publique et dans les parties communes des immeubles collectifs. La personne qui s'occupe d'un chien de 1ére et de 2éme catégorie, même provisoirement, à l'obligation de posséder une carte d'identification délivrée par la société centrale canine et d'avoir validé un permis de détention. La délivrance de ce permis se fait suite à une formation d'aptitude à la détention de l'animal et d'une évaluation comportementale de l'animal. Détenir, ou simplement promener, un chien pouvant être dangereux sans permis fait l'objet de sanctions.

Le Pedigree appelé LOF en France (Livre des Origines Française) peut être considéré comme le passeport de votre chien. On peut remonter jusqu'à quatre générations grâce à ce document. En France, c'est la Société Centrale Canine qui gère et délivre le Pedigree.

Le LOF vous garantit un chien conforme au standard de sa race, que nous venons d'évoquer au chapitre précédent.

Vous obtiendrez d'abord un Pré-Lof qui est l'équivalent du certificat de naissance, le LOF définitif s'obtient après avoir présenté le chien à l'examen de confirmation : entre 12 à 15 mois : pour un chien je conseille 15 mois.

Les séances de confirmation sont organisées par les Sociétés Canines Régionales ou les clubs de race, lors des expositions canines. Je vous conseille de consulter le site de la société CEDIA sur internet, qui vous permettra de vous inscrire.

Lors de cet examen, un juge examine la conformité de votre chien au standard de sa race et vous délivre un certificat d'aptitude. Parfois l'organisation varie, il y a un passage devant un juge puis devant un vétérinaire à qui vous présentez le bon d'aptitude, le vétérinaire examinera votre chien et contre signera le bon d'aptitude.

À noter que les confirmations ouvrent un droit d'inscription que vous devrez acquitté à l'inscription.

Vous devrez envoyer à la SCC (Société Centrale Canine) à Aubervilliers, le bon d'aptitude accompagné du Pré-Lof. Parfois l'attente de retours du LOF est longue.

Vous aurez ensuite la possibilité de participer à des concours. Vous devrez en fonction de l'âge de votre chien, choisir une classe : puppy, jeune, intermédiaire, ouverte, et vétéran ; puis en fonction des résultats obtenus (Excellent, puis CACIB et CACS), vous pourrez concourir en classe champion. Il existe aussi une classe travail, et une classe meutes. Il existe la possibilité de faire participer des chiens qui ne concourent pas. La seule obligation en concours est que votre chien soit LOF.

Le meilleur chien pourra prétendre au CACIB (Certificat d'Aptitude au Championnat International de Beauté) de la FCI, ou/et au CACS (Certificat d'Aptitude de Conformité au Standard). Le chien qui a remporté plusieurs CACS et/ou CACIB peut être homologué Champion National de Conformité au Standard ou Champion International de Beauté.

Le Livre des Origines Français regroupe environ 400 races de chiens homologuées par la Fédération Cynologique Internationale.

Pour un chien, le LOF vous donne la certitude des qualités et des attributs de sa race. C'est très important pour un chien de troupeau aussi dynamique, car ses caractéristiques et ses comportements seront prévisibles.

L'attestation de vente est obligatoire pour un chien LOF. Ce contrat, signé par le vendeur et l'acheteur, doit mentionner : la date de vente, l'identité du chien, son prix, l'adresse des vétérinaires choisis par les parties en cas de litige. Elle précise l'inscription provisoire du chien au L. O. F. ce que nous nommons le Pré-Lof.

Votre vendeur ayant inscrit provisoirement votre chiot au livre des origines familiales, recevra le certificat de naissance et vous le transmettra.

L'immatriculation des carnivores domestiques est exigée en France dans un certain nombre de situations : avant la cession (même gratuitement, et même entre particuliers), pour les chiens de plus de 4 mois et au-delà, pour certifier les passages transfrontaliers.

La Puce électronique est également précieuse pour retrouver son compagnon en cas de fugue et pour établir qui est le propriétaire de l'animal.

Pour les maîtres se déplaçant à l'étranger, la puce inclut l'information nécessaire pour identifier le pays d'origine. De la taille d'un grain de riz, le "transpondeur" ou "puce électronique" est un composant enrobé de verre biocompatible, qui est glissé sous la peau par le vétérinaire, à l'aide d'une forte aiguille. Cet acte médical se réalise, selon le cas, avec ou sans anesthésie.

La lecture s'effectue à l'aide d'un appareil spécifique, promené sur le chien. Le numéro s'inscrit sur un écran à cristaux liquides. Cette vérification sera faite plusieurs fois durant la séance de confirmation, et à chaque fois que vous présenterez le chien chez un nouveau vétérinaire, et en concours de beauté ou de sport canin. La durabilité de l'implant est supérieure à la durée de vie de l'animal. L'information qu'il contient est infalsifiable. Le numéro attribué est unique et correspond à un seul animal, sans confusion possible. Les coordonnées du détenteur sont centralisées dans le pays d'implantation, auprès d'un organisme agréé par les autorités locales.

Lorsque le chien est déplacé de manière définitive dans un autre pays, son enregistrement doit se faire à nouveau dans le pays d'accueil.

En France, cet enregistrement s'effectue auprès d'un vétérinaire. Les déplacements courts (vacances) ne nécessitent pas de démarche spécifique.

À l'inverse, les travailleurs transfrontaliers et les voyageurs partageant leur temps entre deux pays gagnent à faire enregistrer leur animal à titre complémentaire dans le second pays fréquenté.

L'accès aux renseignements du fichier est autorisé aux vétérinaires, aux membres des forces de l'ordre, aux municipalités et gestionnaires de fourrières.

Le risque existe que le découvreur d'un animal errant n'ait pas l'idée de la présence d'un transpondeur électronique. Cet inconvénient peut aboutir à une adoption spontanée par un particulier (appropriation) ou au placement illégal auprès d'un foyer d'accueil. De tels placements illégaux, peuvent aboutir à retrait du chien.

Certains vétérinaires ne font pas systématiquement la lecture de la puce à chaque première présentation d'un animal dans leurs cabinets. Dans ce cas, il faut éviter ces professionnels, car ils ne font pas bien leur métier.

Lorsque la puce est identifiée fausse ou absente au détour d'une consultation, le vétérinaire doit en informer le détenteur qui a présenté l'animal à sa consultation. Il peut l'aider à retrouver le propriétaire légitime mais sans pouvoir le rechercher lui-même de sa propre initiative.

Les fichiers des différents pays ne sont pas interconnectés. Aussi, les voyageurs se rendant régulièrement dans un même pays étranger ont-ils intérêt à enregistrer à titre complémentaire leur animal dans le fichier de ce pays.

Nous nous avons la chance en France, que n'ont pas d'autres pays européens, de pouvoir utiliser simultanément deux systèmes d'enregistrement : le tatouage et la pose d'une puce électronique. C'est sans aucun doute le meilleur moyen de pouvoir retrouver son animal de manière rapide.

S'il faut choisir, le transpondeur est très largement préférable au tatouage.

Si vous choisissez aussi le tatouage, il faut le faire dès le deuxième mois, à l'occasion du premier vaccin. Le tatouage est pratiqué par un vétérinaire ou par un tatoueur agréé par le Ministère de l'Agriculture. Ce praticien est responsable de la transmission de l'information au Fichier National Canin.

La carte d'identification du chien vous est obligatoirement remise.

Par la suite, en cas de changement adresse, de don, de vente, vous transmettez les modifications à la S.C.C. grâce à la partie détachable de la carte d'identification du chien. Celle-ci vous retournera gratuitement une nouvelle carte. C'est juste un peu long.

Si vous avez acheté un " Chien sans papier ", sans doute par manque d'informations, il faut le castrer pour un mâle et la stériliser pour une femelle.

Vous pouvez essayer de vous lancer dans une tentative pour prouver sa race, mais les exigences pour obtenir la confirmation sont très complexes.

25 - LES MÉTIERS DU CHIEN

Le premier métier est celui de maître du chien.

Dans le secteur public, le maître-chien qui exerce dans la police, la gendarmerie, l'armée, les douanes est un professionnel déjà fonctionnaire, aguerris et qui après une demande et une sélection va suivre une formation au minimum trois mois.

Dans le secteur privé (sociétés de gardiennage, société de protection…) on embauche des agents cynophiles de sécurité ayant un certificat professionnel (niveau CAP).

Pour être Maître-Chien dans la Police Nationale il n'existe pas de concours spécifique pour devenir cynotechnicien. Il faut passer par la voie classique en réussissant celui de gardien de la paix. C'est dans les demandes d'affectation que l'on doit exprimer le souhait de travailler dans une brigade canine. La formation des policiers sélectionnés se déroule sur trois mois au Centre national de formation des unités cynotechniques en région parisienne, à Cannes-Ecluse (77).

En France, on compte 1 000 policiers cynotechniciens pour 650 chiens répartis entre les unités de recherche (pistage d'odeurs humaines ou identification de produits spécifiques) et d'intervention (patrouilles de maintien de l'ordre). Alors qu'un chien d'intervention peut avoir plusieurs maîtres, le chien de recherche ne travaille qu'avec un seul et unique fonctionnaire.

Les 250 chiens exerçant en section de recherche ont chacun leur spécialité olfactive. Ils peuvent suivre une trace sur un chemin laissé par un être humain. Ils peuvent trouver une personne ensevelie sous la neige. Ils peuvent rechercher des traces de sang. Ils peuvent découvrir des produits assimilés à de la drogue. Ils peuvent découvrir des explosifs ou des armes. Ils peuvent même identifier un meurtrier grâce à l'odeur laissée sur la scène de crime. Les futurs chiens policiers sont présélectionnés chez les éleveurs, à la SPA ou chez les particuliers. « Les moniteurs du CNFUC prennent contact avec eux, et se déplacent pour sélectionner les chiens ». Des tests, destinés à mettre en avant les qualités physiologiques, morphologiques et caractérielles de l'animal, sont effectués. Si le chien semble « bon pour le service », un contrat de rétrocession est signé avec le propriétaire, conditionnant le paiement lorsque l'aptitude définitive est évaluée positivement, après une période de 40 jours. L'animal est alors amené au CNFUC pour y suivre une première formation au cours de laquelle il doit s'habituer à ses nouvelles conditions de vie, car en tant que futur auxiliaire de policiers, il doit démontrer des aptitudes d'obéissance parfaite à l'homme. À l'issue de cette période, le chien présélectionné est soit déclaré apte à recevoir une formation, soit renvoyé chez son propriétaire.

Tous les chiens définitivement affectés ont reçu, avant de se spécialiser et de se voir confier aux policiers stagiaires, la même éducation de base sur des exercices de réceptivité aux ordres, complètement identiques à ceux préconisés dans ce guide.

Suivant leurs aptitudes, ils sont ensuite dirigés sur une formation spécifique pour devenir soit des chiens de défense et d'intervention, soit de garde et de surveillance, soit de recherche.

Les chiens sont sélectionnés entre l'âge de 12 et 36 mois, à l'exception des chiens d'avalanche achetés une fois sevrés à l'âge de trois mois afin de favoriser leur acclimatation et leur familiarisation à l'environnement montagnard.

Le CNFUC recrute des animaux de races variées : bergers belges dits « malinois » et « Groenendael » (50 %), bergers allemands (30 %), beaucerons, labradors, flat-coated ou encore Springer Spaniels. Les chiens travaillent jusqu'à l'âge de 8 ans avant de « partir en retraite » chez leur maître-chien.

Dans la filière défense et intervention, un maître-chien pourra suivre une formation pour devenir homme assistant (anciennement homme d'attaque), puis éducateur et enfin moniteur, en sachant que chaque fonction est un prérequis à la suivante.

Dans la filière « Recherche », il est possible de devenir éducateur, puis moniteur.

Les maîtres de chiens dans la Gendarmerie sont recrutés parmi les sous-officiers de carrière volontaires, possédant une bonne expérience professionnelle et ayant manifesté une réelle motivation pour la conduite d'un chien. Ils peuvent postuler après un délai de deux ans minimum passés en unité traditionnelle.

La formation de base commence par le niveau suppléant maître de chien d'une durée de 5 semaines, cette formation permet d'acquérir les connaissances nécessaires pour établir avec le chien un climat de confiance sur le plan physique et psychique. La formation se poursuit pour être conducteur de chien. La formation est dispensée sur une période de 7 semaines elle permet au binôme « homme/chien » de se familiariser et appréhender la gestuelle élémentaire.

Les sous-officiers qui ont obtenu un certificat de conducteur de chien suivent ensuite une formation complémentaire. Ils devront pendant 7 semaines se former aux spécificités du pistage, de la défense, de la recherche de produits stupéfiants, de la recherche d'explosifs, de garde, de la patrouille, de l'intervention, de l'assaut, la recherche en décombre, de la recherche en avalanches, de la recherche d'armes et de munitions, de la recherche de produits accélérateurs d'incendie...

Maître-Chien dans la douane. Les candidats désireux d'exercer des fonctions cynophiles doivent préalablement réussir un concours de contrôleur des douanes ou d'agent de constatation des douanes. Ils sont recrutés sur dossier après avis favorable d'une commission de sélection.

Le chien est fourni par l'administration et reste donc propriétés des douanes, mais sa garde, y compris en dehors des heures de service, est confié à son conducteur.

Les spécialistes cynophiles exercent avec l'aide d'un chien, des missions de contrôle des marchandises en mouvement, des moyens de transport et des voyageurs.

Les agents des douanes souhaitant exercer la fonction de maître de chien sont sélectionnés pour suivre une formation de spécialiste à l'E.N.B.D. (École Nationale des Brigades des Douanes) à La Rochelle (17). La formation de maître de chien se déroule en deux parties sur une période d'un an environ. Elle comprend des exercices de dressage de l'animal et des techniques de recherche.

Maître-Chien dans l'armée. Le maître de chien dresse et entraîne son chien. Il le dirige durant les missions de protection des installations sensibles ou d'appui au combat. Il est en mesure de remplir des missions complexes en fonction de sa spécialité comme la recherche d'explosif. Dans un premier temps, l'engagé volontaire de l'armée de terre effectuera une formation de base dans le régiment où il a souhaité s'engager. À l'issue, il devra suivre une formation de spécialiste initiale – FSI — infanterie, afin d'effectuer la formation de tronc commun (quelle que soit l'arme d'appartenance) d'une durée de 4 semaines dans un régiment d'infanterie désigné par la cellule cynotechnique de la région Terre. Ensuite il sera envoyé en stage au peloton de soutien cynotechnique régional de la région Terre, situé à SISSONNE pour y effectuer son module cynotechnique d'une durée de 5 semaines. Ce stage permet d'obtenir un certificat professionnel "conducteur de chien", premier examen pour la mise en œuvre d'un chien militaire. Afin de poursuivre le perfectionnement dans la spécialité et d'améliorer le maintien en condition des chiens militaires, les maîtres-chiens effectuent un stage permettant d'endosser le costume d'attaque et d'acquérir des compétences dans le dressage. Ce stage qui se déroule au 132e bataillon cynophile de l'armée de Terre à SUIPPES et se traduit par l'obtention du certificat technique élémentaire ; d'une durée de six semaines, il ne peut être effectué qu'après une expérience de 6 mois à l'issue du CP conducteur de chien.

Maître-Chien dans la sécurité privée. En sécurité privée, l'Agent Cynophile est amené à effectuer différentes missions et essentiellement réparties en deux fonctions : La surveillance statique sur site et les rondes et interventions sur plusieurs sites définis. Pour devenir agent cynophile, il faut passer et obtenir un diplôme reconnu au niveau V par le Code du travail qui est le certificat pratique d'agent cynophile de sécurité. Il est accessible dès la classe de troisième ou à un adulte qui veut se reconvertir. les études se font dans un établissement de formation spécialisée dans ce secteur. Cette formation a une durée d'environ 9 mois et il faut impérativement avoir un casier judiciaire vierge et acquérir un chien dès le début de la formation.

L'agent cynophile se perfectionnera en passant un CAP d'agent de prévention et sécurité qui se déroule sur 24 mois.

L'activité de maître-chien d'avalanches n'est pas une profession à part entière, mais une spécialité exercée par des professionnels de la montagne résidant et travaillant en secteur montagne, pour être à proximité des lieux où ils pourraient intervenir, tels les sauveteurs secouristes des CRS (Compagnies Républicaines de Sécurité) et du PGHM (Peloton de Gendarmerie de Haute Montagne), les sapeurs pompiers, les pisteurs secouristes, les personnels des remontées mécaniques ou des communes de montagne, les gardiens de refuge (particulièrement dans le département des Alpes-Maritimes), beaucoup plus rarement les moniteurs de ski, des départements alpins et pyrénéens essentiellement. Le Diplôme de la Direction de la Défense et de la Sécurité civile du ministère de l'intérieur, le brevet national de maître-chien d'avalanche (BNMCA) sanctionne la capacité opérationnelle de l'équipe cynophile : maître-chien et chien, à rechercher les personnes victimes d'avalanches.

Maître-Chien de recherches en décombres. Le maître-chien de recherches en décombres (ou chien de catastrophes) peut exercer ses activités dans le cadre du bénévolat ou dans un cadre professionnel. Dans un cadre non professionnel, il existe deux possibilités de devenir maître-chien de décombres. Vous pouvez, soit intégrer une ONG, comme le P.U.I (Pompiers de l'Urgence Internationale) P.S.F (Pompiers Sans Frontières), le C.O.S.I (Comité de Secours Internationaux), l'U.L.I.S (Unité Légère d'Intervention et de Secours), l'U.F.I.C (Unité Française d'Intervention en Catastrophes), soit vous engager comme sapeur-pompier volontaire et demander ensuite à votre hiérarchie une affectation dans l'équipe cynotechnique de votre département. Pour exercer dans un cadre professionnel, deux solutions : Vous pouvez passer le concours de sapeur-pompier professionnel, puis effectuer ensuite la même démarche que pour un sapeur-pompier volontaire. Vous pouvez aussi vous engager dans l'armée (Brigade des Sapeurs Pompiers de Paris, Bataillon des Marins Pompiers de Marseille ou Unité d'Intervention et d'Instruction de la Sécurité Civile) et demander ensuite à intégrer une de ses équipes cynotechniques. Le chien doit avoir moins de 24 mois au moment de son intégration dans l'équipe. Selon les départements, le chien vous est fourni (il reste donc officiellement la propriété de l'armée) ou vous devez vous-même en faire l'acquisition en suivant les directives (race, élevage) de votre hiérarchie. Dans tous les cas de figure, l'obtention d'un Brevet de recherches en décombres et de personnes égarées sera nécessaire pour être déclaré opérationnel. Un chercheur de décombres, peut intervenir lors de tremblements de terre, de glissements de terrain, d'effondrements d'immeubles, catastrophes aériennes ou ferroviaires, etc. travaillant quels que soient le terrain et le bruit environnant. Cette utilisation demande des chiens parfaitement équilibrés, avec une grande puissance de travail capables d'endurer les multiples agressions dues au milieu chaotique.

Le chien guide permet de redonner confiance en soi et au-delà du guidage. Le travail du chien guide demande une grosse concentration. C'est pourquoi il est important de jouer régulièrement avec lui, de l'emmener courir dans un parc, dans une forêt. Un chien bien détendu aura envie de faire plaisir. Comme il se sentira bien, il n'effectuera que mieux son devoir de guidage. Le chien guide est un compagnon fidèle et efficace, un auxiliaire de vie, qui aide à compenser le handicap. Mais c'est aussi un important facteur d'intégration sociale des personnes malvoyantes.

Moins connus que les chiens guides, les chiens visiteurs sont également investis d'une mission : ils rendent visite avec leur maître à des personnes âgées en maison de retraite, à des handicapés, à des malades, et ils peuvent éventuellement intervenir dans les écoles. Pour être chien visiteur, le maître et le chien doivent avoir effectué un stage de deux jours et réussir les tests d'admission afin d'obtenir le diplôme « chien visiteur » délivré par la CNEAC. L'activité « chien visiteur » repose uniquement sur le bénévolat. C'est un chien qui doit être équilibré, sociable avec ses congénères, et bien éduqué. Le chien donne sans compter et le concept du chien visiteur repose également sur le dévouement du maître : c'est un engagement qui doit être réfléchi, un maître s'engage dans la durée pour partager ce que lui apporte jour après jour son compagnon. Le chien visiteur intervient dans les maisons de retraite, les longs séjours, les centres pour handicapés, les hôpitaux. Il apporte le temps de sa visite, sa présence chaleureuse, apaisante. Grâce à la complicité immédiate créée par le chien et à sa capacité à motiver les personnes visitées, les interventions permettent de stimuler la mobilité, les sens, l'expression de la mémoire. Le chien visiteur peut également intervenir dans les écoles pour participer à des activités d'information et de prévention des morsures.

Sachez que le métier d'éducation et de conduite des chiens professionnels repose toujours sur les mêmes principes : l'un est de faire plaisir à son maître et l'autre est de jouer. De ce fait, le chien ne travaille jamais, il joue. La relation entre le maître et le chien est primordiale, chacun doit pouvoir compter sur l'autre à tout moment.

26 - UN ÉLEVEUR SÉRIEUX

L'éleveur doit être agréé par le club français du chien de la race ou des races qu'ils proposent dans son élevage, et vous proposer des reproductrices et des reproducteurs de hautes lignées qui auront été testés et auront participé à des concours de nationale d'élevage avec une notation « excellent ».

Avant la première maternité, l'éleveur doit avoir fait radiographier les hanches des reproducteurs et fait coter les clichés par la commission du club de race, qui délivrera à l'éleveur le certificat officiel de cotation. Un test ADN des reproducteurs aura été réalisé, avec une vérification de paternité mais aussi une recherche des tares oculaires sur les reproducteurs. Demandez à l'éleveur d'accepter de vous laisser avec le chiot qui vous intéresse et faite le test de Campbell.

L'âge idéal pour l'achat d'un chiot se situe entre 8 et 9 semaines. Il doit avoir sa puce, et son tatouage si possible. Il aura reçu une primo-vaccination pour les 3 maladies garanties par la loi : Maladie de Carré, Parvovirose et Hépatite.

L'éleveur doit vous remettre

- une attestation de vente,

- un carnet de vaccination avec les timbres des premières injections et les dates des premières vermifugeassions,

- un certificat de naissance,

- un dossier d'identification,

- un Lof ou un pré Lof
- les copies des certificats de dépistages et des tests sur les géniteurs
- et s'il est vraiment professionnel, il vous remettra un sachet des croquettes utilisées par l'élevage pour éviter un changement brutal de nourriture, et il vous donnera les premiers conseils de base.

N'oubliez pas de faire vacciner votre chiot à partir de 4 mois avec un rappel chaque année.

Le code de la propriété intellectuelle n'autorisant, aux termes de l'article L. 122 — 5, 2 ° et 3 ° a, d'une part, que les « copies ou reproductions strictement réservées à l'usage privé du copiste et non destinées à son utilisation collective » et, d'autre part, que les analyses et les courtes citations dans un but d'exemple et d'illustration, « toute représentation ou reproduction intégrale ou partielle faite sans le consentement de l'auteur ou des ayants droit ou ayant cause est illicite » (art. L. 122-4). Cette représentation ou reproduction, par quelque procédé que ce soit, constituerait donc une contrefaçon sanctionnée par les articles L. 335-2 et suivant du Code de la propriété intellectuelle.

Le droit d'auteur français est le droit des créateurs. Le principe de la protection du droit d'auteur est posé par l'article L. 111-1 du code de la propriété intellectuelle (CPI) qui dispose que « l'auteur d'une œuvre de l'esprit jouit sur cette œuvre, du seul fait de sa création, d'un droit de propriété incorporelle exclusif et opposable à tous. Ce droit comporte des attributs d'ordre intellectuel et moral ainsi que des attributs d'ordre patrimonial ».